हमारी चुनौतियाँ

[व्याख्यान]

भारतीय समाज के समक्ष चुनौतियाँ-1

हमारी चुनौतियाँ

सम्पादक
बद्री नारायण
सुनीत सिंह

राजकमल प्रकाशन

ISBN : 978-93-88933-80-3

मूल्य : ₹395

पहला संस्करण : 2019

प्रकाशक : राजकमल प्रकाशन प्रा. लि.
1-बी, नेताजी सुभाष मार्ग, दरियागंज
नई दिल्ली-110 002
द्वारा प्रकाशित

शाखाएँ : अशोक राजपथ, साइंस कॉलेज के सामने, पटना-800 006
पहली मंजिल, दरबारी बिल्डिंग, महात्मा गांधी मार्ग, इलाहाबाद-211 001
36 ए, शेक्सपियर सरणी, कोलकाता-700 017

वेबसाइट : www.rajkamalprakashan.com
ई-मेल : info@rajkamalprakashan.com

मुद्रक : बी.के. ऑफसेट
नवीन शाहदरा, दिल्ली-110 032

HAMARI CHUNAUTIYAN

Edited by Badri Narayan, Sunit Singh

प्रदीप भार्गव को समर्पित

क्रम

प्राक्कथन 9

प्रो. रमेश दीक्षित
लोकतंत्र : नन्ही-सी जान, हजार दुश्मन 13

डॉ. कृष्ण गोपाल
भारतीय परम्परा में संघर्षविहीन सुधार 32

डॉ. चारु गुप्ता
धारा के विरुद्ध : स्त्री, हिन्दी प्रिंट संस्कृति और अभिलेखागार 53

डॉ. विनय प्रभाकर सहस्त्रबुद्धे
ग्रामीण पुनः संजीवन : एक विमर्श 82

राधा बल्लभ त्रिपाठी
विस्मृति के विरुद्ध स्मृति : गोपीनाथ कविराज का ज्ञान संसार 102

परिशिष्ट
संस्थान का परिचय 118
लेखक परिचय 119

प्राक्कथन

हम एक जटिल समय में जी रहे हैं। ये जटिलताएँ दिन-ब-दिन संश्लिष्ट हो रहे समाज की उपज हैं। ये कुछ हद तक भारतीय पारम्परिक समाज में आधुनिकता के हस्तक्षेप की भी उपज हैं। इनमें से अनेक जटिलताएँ अनेक प्रकार की चुनौतियाँ पैदा कर रही हैं। इन चुनौतियों के रास्ते से गुजर कर ही हमें भविष्य की मंजिल को पाना है। इन चुनौतियों से निपटने की अन्त:दृष्टि हमें कहाँ से मिलेगी? इन चुनौतियों का स्वरूप क्या है? इनसे निपटने के रास्ते क्या हैं? ये सारे मुद्दे आज के समाज वैज्ञानिकों के लिए महत्त्वपूर्ण हैं। एक समाज विज्ञान संस्थान होने के नाते गोविन्द बल्लभ पन्त सामाजिक विज्ञान संस्थान, झूँसी, प्रयागराज के लिए भी इन चुनौतियों पर मंथन स्वाभाविक ही है।

इस हेतु संस्थान ने एक पब्लिक लेक्चर सीरीज प्रारम्भ किया है। इस सीरीज के तहत देश के जाने-माने चिन्तक, समाज-वैज्ञानिक, सामाजिक कार्यकर्ता, राजनीतिकर्मी, आकर व्याख्यान देते हैं। संस्थान परिवार के अतिरिक्त प्रयाग नगर की जनता के लिए यह व्याख्यान सुलभ एवं खुला होता है। इस श्रृंखला के तहत व्याख्यान हिन्दी एवं अंग्रेजी दोनों ही माध्यम में सम्पन्न होते हैं।

संस्थान इन व्याख्यानों को अभिलेखित कर प्रकाशित भी करता है। इन्हीं व्याख्यानों को पुस्तकाकार भी प्रकाशित करते रहने की योजना है। इसी योजना के तहत इस 'लोकप्रिय व्याख्यानमाला' के व्याख्यानों से प्रथम पुस्तक 'हमारी चुनौतियाँ' हम आपके समक्ष प्रस्तुत कर रहे हैं।

इस पुस्तक में 5 व्याख्यान संकलित हैं। 'लोकतंत्र : नन्ही सी जान, हजार दुश्मन' व्याख्यान में प्रसिद्ध राजनीति-शास्त्री प्रो. रमेश दीक्षित ने भारतीय लोकतंत्र के समक्ष पैदा हो रही चुनौतियों का गहन विश्लेषण किया है। प्रसिद्ध सामाािजक चिन्तक डॉ. कृष्ण गोपाल ने 'भारतीय परम्परा में संघर्षविहीन सुधार' शीर्षक व्याख्यान में भारतीय समाज में परिवर्तन की देशज गति की गहन समीक्षा की है। डॉ. चारु गुप्ता, जो प्रसिद्ध इतिहासकार हैं, ने स्त्री समूहों के इतिहास लेखन में हिन्दी प्रिंट को एक नए अभिलेखीय अर्थ में प्रस्तुत किया है। प्रसिद्ध राजनीतिक चिन्तक डॉ. विनय प्रभाकर सहस्त्रबुद्धे ने ग्रामीण जीवन एवं समाज के पुनः संजीवन की प्रक्रिया की चुनौतियों का गहन विश्लेषण किया है।

भारतीय समाज की एक बड़ी चुनौती यह है कि हम अपने समाज वैज्ञानिक चिन्तन में स्वसमाज के बौद्धिकों एवं बौद्धिक चिन्तन एवं उनसे उपजी अन्तःदृष्टि का उपयोग अपने आज के संकटों एवं चुनौतियों का मुकाबला करने के लिए नहीं करते हैं। इस पुस्तक में प्रसिद्ध संस्कृतविद एवं भारतीय ज्ञान परम्परा के महत्त्वपूर्ण अध्येता प्रो. राधा बल्लभ त्रिपाठी का आलेख 'विस्मृति के विरुद्ध स्मृति' संकलित है। इसमें प्रसिद्ध भारतीय ज्ञानी श्री गोपीनाथ कविराज के ज्ञान विश्व का मूल्यांकन किया गया है। ये ज्ञानी शायद आधुनिकता से उत्पन्न चुनौतियों का सामना करने में हमारी मदद कर पाएँगे।

इस प्रकार यह पुस्तक अपनी सम्पूर्णता में विभिन्न सामयिक चुनौतियों का सामना करने की अन्त:दृष्टि विकसित करने में हमारी मदद कर पाएगी, ऐसा हमें विश्वास है।

इन व्याख्यानों को समायोजित करने में संस्थान की सहयोगी डॉ. अर्चना सिंह ने हमारी काफी मदद की है, हम उनके प्रति आभार व्यक्त करते हैं। हम उन सभी के प्रति भी आभार व्यक्त करते हैं, जिन्होंने इस पुस्तक को बनाने में हमारी मदद की है। राजकमल प्रकाशन एवं उसके एम.डी. श्री अशोक महेश्वरी के प्रति हम विशेष रूप से आभारी हैं जिन्होंने विशेष रुचि लेकर इस पुस्तक को प्रकाशित करना चाहा है।

—बद्री नारायण
सुनीत सिंह

17 जनवरी, 2017
संस्थान ऑडिटोरियम

लोकतंत्र : नन्ही-सी जान, हजार दुश्मन

प्रो. रमेश दीक्षित

सबसे पहले मैं इस बात के लिए प्रदीप भार्गव जी को धन्यवाद देना चाहता हूँ कि उन्होंने व्याख्यानों की यह श्रृंखला शुरू की। आज के समाज के सामने जो चुनौतियाँ हैं, उन चुनौतियों के क्रम में मुझे शुरुआत में ही बोलने का मौका दिया गया। मैं उसके लिए प्रदीप जी का और संस्थान का शुक्रगुजार हूँ। जब उन्होंने कहा कि विशेष तौर पर कोई विषय होना चाहिए तो मुझे लगा कि बहुत सारी चुनौतियाँ तो समाज के सामने हैं ही, उन चुनौतियों का जिक्र हम अखबार के पन्नों से लेकर तमाम जगहों पर देखते हैं। करप्शन की बात होती है, गुंडागर्दी की बात होती है, कानून के शासन की बात होती है, दलितों के अधिकारों की बात होती है, दलितों के विशेषाधिकार की बात होती है, ये सारी चीजें ऐसी हैं जो चुनौतियाँ हैं। एक ऐसे समाज में, जो समस्याग्रस्त समाज है और अभी भी इतनी तरक्की नहीं कर सका है कि हर व्यक्ति को बराबर का हिस्सा मिल सके, उसकी चुनौतियाँ गम्भीर तो होती ही हैं। तो मैंने जो विषय चुना, आपकी तरफ से ही वह था लोकतंत्र। मेरा मानना है कि यह खास तौर पर पिछड़े समाजों के लिए अकेली व्यवस्था हो सकती है। लोकतंत्र की व्यवस्था उन लोगों के अधिकार सुरक्षित करती है जो लम्बे समय तक

सुविधाओं और अधिकारों से वंचित रहे हैं। उनको सबल बनाने की यदि कोई व्यवस्था हो सकती है तो वह लोकतंत्र और केवल लोकतांत्रिक व्यवस्था हो सकती है। मगर लोकतंत्र किस शक्ल में हो और क्या वास्तव में हम लोकतंत्र में हैं भी कि नहीं और किस तरह के खतरे लोकतंत्र के सामने हैं, इसी के बारे में मैंने सोचा है कि थोड़ी बातचीत आप सबके सामने करूँ।

वैसे तो कहा जाता है और बड़े फख्र से कहा जाता है साहब कि यूनान से शुरू हुआ लोकतंत्र का सिलसिला स्पार्टा में था। बड़ी किताबें लिखी गईं और यह भी कहा जाता है कि भारत में भी बड़े गणतंत्र हुआ करते थे। यहाँ पर साकेत था, मगध था, पर मेरा साफ-साफ मानना है कि यह कोई लोकतंत्र नहीं था। इसमें कोई शक नहीं है कि लोकतंत्र की व्यवस्था पश्चिम से आई, मगर पश्चिम से आई वह प्लेटो, अरस्तू के वक्त में नहीं आई, बहुत बाद में आई। सभ्यता का इतिहास बहुत पुराना है। समाज बहुत दिनों से चल रहा था। लोकतंत्र नाम की जो व्यवस्था है, राजनीतिशास्त्र की, समाज की व्यवस्था थी। थोड़ी देर से ही और मैंने जो कट-ऑफ प्वाइंट रखा है—मैं समझता हूँ, 17वीं सदी से इसकी शुरुआत मान सकते हैं। जो गणतंत्र हुआ करते थे, वे एथेन्स में थे, स्पार्टा में थे। वे ऐसे लोकतंत्र थे, जहाँ गुलाम होते थे बिना गुलामी के। बल्कि हम तो पढ़ाते रहते थे, आपने भी पढ़ा होगा कि अरस्तू ने गुलामी को कैसे न्यायोचित ठहराया है, इसके कारण बताइए?

भारत में भी गणतंत्र थे, जिनको हम बड़े गर्व से कहते हैं कि हमारे यहाँ गणतंत्र था। लेकिन अगर लोकतंत्र था भी तो कम से कम उन लोगों के लिए तो नहीं था जो संख्या में ज्यादा थे। वह उन लोगों के लिए नहीं था, जो अपनी मेहनत से काम रह रहे थे। लोकतंत्र कहने को था, मगर श्रेष्ठ वर्ग का था। आपको पता ही है मशहूर उपन्यास है आचार्य चतुरसेन का—'वैशाली की नगरवधू'। उस वक्त के लोग किसी सुन्दर स्त्री को समाज के लिए दे सकते थे। जिस समाज में गुलामी थी, जिस समाज में स्त्रियों के अधिकार थे ही नहीं।

मैं सत्रहवीं सदी की बात क्यों कर रहा हूँ? सत्रहवीं सदी में दो चीजें

बहुत महत्त्वपूर्ण हुईं, बल्कि तीन चीजें। एक तो 1640 में ऐसे राज्य को मान्यता दी गई जिसके पास एक निश्चित क्षेत्र होगा, और एक ऐसा राज्य जो धर्म की सत्ता से आजाद रहेगा, और एक तरह से जिसे हम सेक्युलर स्टेट कहते हैं, का जन्म हुआ जो पोप के आतंक से मुक्त था। इसकी शुरुआत हुई 1648 से। उसी में एक चीज यह भी शामिल थी कि जो राज्य होगा, सम्प्रभु होगा। यानी एक निश्चित भौगोलिक दायरे के भीतर राज्य की सत्ता का सम्मान होगा। राज्य किसी भी बाहरी या आन्तरिक दबाव से मुक्त होकर काम करेंगे। इसकी स्थापना 1648 की वेस्टफेलिया की सन्धि से हुई थी। पहला बिन्दु तो यह है।

दूसरा यह है कि आप याद कीजिए, चार्ल्स प्रथम राजा था जिसको मार दिया गया था। कहना चाहिए कि लोकतंत्रवादी शक्तियों के द्वारा चार्ल्स प्रथम जैसे निरंकुश राजा को समाप्त किए जाने की घटना भी 1648-49 की है। फिर 11 साल का जो लोकतंत्र का समय है, जिसको बड़ी हेय दृष्टि से देखा जाता है वहाँ पर, समाज में माना जाता है कि बड़ा खराब था। और तीसरी घटना थी 1688 की, जो कही जाती है ग्लोरियस रिवोल्यूशन। इस काल में शान्तिपूर्ण तरीके से जेम्स द्वितीय ने राज्यसत्ता काफी हद तक जनता के प्रतिनिधियों के हाथों में सौंप दी—जहाँ अब ब्रिटेन का राजा तमाम मर्यादाओं, सीमाओं में काम करेगा।

राजतंत्र का वह दौर खत्म हो गया, टकराव नहीं चाहिए, अब हम चाहते हैं कि राजा की शक्तियाँ सीमित रहेंगी और जनता के प्रतिनिधियों के पास असीम अधिकार होंगे। इसलिए मेरा मानना है कि जिस लोकतंत्र को आज हम जानते हैं, यह लोकतंत्र 18वीं सदी से शुरू होता है, जिसके बारे में हम बात करना चाहते हैं। और उसके बाद दो पड़ाव बहुत महत्त्वपूर्ण हैं। लोकतंत्र के सफर में, एक पड़ाव आता है 18वीं शताब्दी में। वह पड़ाव है 1776 की अमेरिका की क्रान्ति का। अमेरिका में एक व्यवस्था बनती है। लोकतंत्रीय व्यवस्था की शुरुआत होती है 1776 की अमेरिकी क्रान्ति से। अमेरिका में संविधान का बनना, संविधान के माध्यम से शासन के विभिन्न

अंगों को परिभाषित कर दिया जाना, एक बड़ी कोशिश थी। उसी सदी में एक बड़ा काम होता है, जिसको हम अभी तक जानते हैं, वह है 1789 की फ्रांस की क्रान्ति, उसके तीन नारे चले। नारे अभी भी किसी ऐसी व्यवस्था के महत्त्वपूर्ण अंग हैं, जो जनता के करीब होने का दावा करती है। आजादी, बराबरी और भाईचारा—ये तीन शब्द महत्त्वपूर्ण इसलिए हैं कि एशियाई समाजों में ये तीनों चीजें नहीं थीं। एशियाई समाजों में न तो आजादी की अवधारणा थी, न बराबरी की, न भाईचारे का कांसेप्ट था।

ये समाज सोपानबद्ध समाज हुआ करते थे। उच्चताक्रम आधारित समाज हुआ करते थे। उच्चताक्रम आधारित समाज में बराबरी की अवधारणा तो हो ही नहीं सकती है। इसलिए मैं कहता हूँ कि लोकतंत्र विषय जैसा आप जानते हैं, वह पश्चिम से लाई गई एक ऐसी राजनीतिक व्यवस्था थी जो इस बुनियाद पर टिकी हुई थी कि राजकाज में, शासन-सत्ता में, आम आदमी की भी भागीदारी होनी चाहिए। अगर देश छोटे हैं तो सीधी भागीदारी हो सकती है। अगर इलाका बड़ा है, आबादी ज्यादा है तो प्रतिनिधियों के माध्यम से शासन होगा। मगर जनता की मर्जी के बिना कोई शासन नहीं होगा, यह बात स्वीकार कर ली गई। इसलिए लोकतंत्र की एक आदर्श शासन-व्यवस्था के रूप में शुरुआत होती है, पुराने राजतंत्रों से भिन्न, पुराने सैनिक तंत्रों से भिन्न, एक अच्छी आदर्श-व्यवस्था के लिए। मगर इस व्यवस्था के शुरू होने के समय से ही बहुत सारी चुनौतियाँ लोकतंत्र के सामने आती गईं, वैचारिक स्तर पर भी, और व्यावहारिक स्तर पर भी।

जहाँ तक वैचारिक स्तर का सवाल है, 19वीं सदी के ही आखिरी दिनों में कुछ ऐसे विचारक सामने आए, जिन्होंने बहुत ही साफ शब्दों में कहा कि कुछ भी हो जाए और कुछ भी बात करते रहें, मगर हर समाज में जो मुट्ठी भर लोग होते हैं, शासन तो वही करते हैं। चाहे जनता के नाम पर करें, चाहे मजदूरों के नाम पर करें, चाहे जिसके नाम पर करें, शासन तो कुल मिलाकर वही लोग करते हैं। बहुसंख्यक शासित होते हैं और माइनॉरिटी रूल करती है।

हिन्दुस्तान में हम-आप यही देखते हैं कि अभिजात लोगों का एक ही समूह फलाँ पार्टी से फलाँ पार्टी में आता-जाता रहता है। बड़ी चुनौती तो है एक ऐसी आदर्श-व्यवस्था के निर्माण की जो जनता के करीब होनी थी, जिसमें आम आदमी की भागीदारी होनी थी। वह किस तरह से अपने शुरुआती दौर से तमाम तरह के लोगों के बीच आ गई? तभी मैंने इस व्याख्यान का शीर्षक देने की कोशिश की है—'नन्ही सी जान, हजार दुश्मन'। दुश्मन विचार के स्तर पर भी, उसके कामकाज के स्तर पर भी। दुश्मन वे तमाम लोग, जिनके विशेषाधिकारों को चुनौती मिली थी लोकतंत्र के आने से। लोकतंत्र के आने से चुनौती किसको मिली? समाज में वर्चस्व किसका था? हैजेमनी किसकी थी? हैजेमनी पुरोहितों की थी। हैजेमनी राजा की थी। हैजेमनी सामन्तों की थी। हैजेमनी नोबुल्स की थी। हैजेमनी बड़े व्यापारियों की थी। उनके हाथ में नकेल रहा करती थी तमाम लोगों की, जो प्रतिनिधि होते थे, एम.पी. होते थे, सीनेटर होते थे। ऐसी स्थिति में हिन्दुस्तान जैसे समाज में, एशियाई समाजों में जब लोकतंत्र को लिया गया, निश्चित तौर पर वे जो तमाम सफलताएँ थीं पश्चिमी लोकतंत्र की, उसका एक ढाँचा, एक नमूना इन देशों के सामने था। आप याद कीजिए कि 20वीं सदी में एक खिलाड़ी और आ गया लोकतंत्र में। पश्चिम में उसका उदय हुआ, 1917 में वोल्शोविक क्रान्ति हुई, एक नई किस्म की व्यवस्था का उदय हुआ।

पुरानी लोकतांत्रिक व्यवस्थाएँ थी हीं। अमेरिकी सिस्टम था, ब्रिटिश का, फ्रांस का सिस्टम था, एक नई एंट्री हो गई 1917 में वोल्शोविक की क्रान्ति की। यह मजदूरों का राज्य कहा जाता था, उसे हम लोकतंत्र की व्यवस्था में शामिल करेंगे। यहाँ पहली बार बादशाह के खिलाफ, जार के खिलाफ, मजदूरों के अधिकारों की प्रतिष्ठा करने वाली पार्टी सत्ता में आती है। इसने यह सुनिश्चित किया कि एक ऐसा राज्य बनेगा, जो वर्किंग क्लास के हितों की रक्षा करेगा। अब हमने देखा, लोकतंत्र के कई सारे क्षेत्र अस्तित्व में आ चुके थे। मगर 20वीं शताब्दी में ही सबसे बड़ी चुनौती मिली है लोकतांत्रिक व्यवस्थाओं को भी, यह याद रखना चाहिए।

और इसलिए यह केवल संयोग नहीं है कि जब प्रथम विश्वयुद्ध खत्म होता है तो उसको खत्म करने में अमेरिकी राष्ट्रपति विल्सन चौदह के सिद्धान्तों की बड़ी भूमिका होती है। विल्सन साहब ने जो कहा, उसके दो बिन्दु महत्त्वपूर्ण हैं—लीग ऑफ नेशन बनेगा, यानी पहली बार दुनिया में एकतंत्रीय सार्वभौमिक संगठन बनाने की बात की गई। दूसरी बात, जितनी नस्ल के लोग दुनिया में हैं, सबको आत्मनिर्णय का अधिकार होगा। मगर ये सब चीजें सिद्धान्त में थीं। इसके तुरन्त बाद एक खतरा पैदा हो गया। 1920 के दशक में ही एक ऐसी विचारधारा का उदय हुआ जिसने कम से कम तीन देशों को इसमें लपेट लिया। यह विचारधारा आज तक दुनिया में लोकतंत्र में विश्वास रखने वालों के लिए एक खौफ की तरह दिखाई पड़ती है। यह फासीवाद का उदय था। स्पेन में गृहयुद्ध हुआ, तब इसे एक परीक्षण की तरह माना गया।

जैसा मैंने कहा, नन्ही जान के लिए हजार दुश्मनों में एक नया दुश्मन जो पैदा हुआ था उस स्पेनिश युद्ध में, उसमें एक बड़ा नाम है बुद्धिजीवियों का। और मैं ये सलाह दूँगा कि वह किताब आप लोग जरूर पढ़िएगा। 29 साल की उम्र में एक ऐसा व्यक्ति जो पेशे से अर्थशास्त्री था, जिसने सबसे पहली किताब लिखी कविता के बारे में, जिस व्यक्ति ने पश्चिमी सभ्यता की सबसे अधिक आलोचना की, उसका नाम था क्रिस्टोफर कॉडवैल। क्रिस्टोफर कॉडवैल ने 'स्टडीज इन अ डाइंग कल्चर' लिखी, फिर उसने इस किताब को अपग्रेड किया। 'स्टडीज इन अ डाइंग कल्चर' में कॉडवैल ने इस बात पर चिन्ता व्यक्त की है कि जो नायक रहे हैं पश्चिमी सभ्यता के, चाहे वे जॉर्ज बनार्ड शॉ हों या पी. लारेन्स, वे कैसे एक सैनिक के रूप में बदल गए। फिर भी, स्पेन में लोकतांत्रिक शक्तियों की विजय सुनिश्चित करने के लिए कॉडवैल इंग्लैंड गए, 25 साल की उम्र में मारे गए गृहयुद्ध में। लोगों को एक बड़ी कुर्बानी देनी पड़ी थी स्पेन में उस वक्त। लोकतांत्रिक शक्तियाँ पराजित हुईं, और फ्रैंको साहब सत्ता में इतने मजबूत हो गए कि 1960 के आस-पास जाकर ही वे सत्ता से हट पाए। लोकतंत्र की एक पराजय हुई।

जब द्वितीय विश्वयुद्ध हुआ तो मुसोलिनी और हिटलर ने दोस्ती की। उसके बाद दुनिया भर की तमाम शक्तियों को जो परस्पर दुश्मन थीं—जैसे संयुक्त राष्ट्र अमेरिका और सोवियत संघ—उन्हें उस फासीवाद को परास्त करने के लिए एक मंच पर आना पड़ा। तब जाकर लोकतांत्रिक शक्तियों की जीत हुई और जीत इसलिए हुई कि द्वितीय विश्वयुद्ध में जिन्हें आप अलाइड पावर कहते हैं, सोवियत संघ, फ्रांस और अमेरिका ने मिलकर एक वादा किया था कि अगर हम इस युद्ध में फासीवाद को परास्त कर सके और हमारी जीत हुई तो हम वादा करते हैं कि दुनिया के तमाम देशों में जहाँ-जहाँ हमारे उपनिवेश हैं, जहाँ हमारी हुकूमत है, उनको हम आजाद करेंगे। यह एक प्रतिबद्धता थी इस लड़ाई के दौरान। जितने भी बाकी देश हैं यूरोप के बाहर के, अफ्रीका के बाहर के, उन देशों ने अपनी आजादी का स्वाद चखा। 1945 में युद्ध खत्म हुआ। 1945 के बाद संयुक्त राष्ट्रसंघ की स्थापना हो गई, और उस स्थापना के बाद अलग-अलग देशों में सरकारें बनीं। 1947 में हम लोग, उसके बाद श्रीलंका, बर्मा—एशियाई देशों में तमाम मुल्क आजाद होते चले गए। जब ये सारे देश आजाद हुए, तब इन सभी देशों ने अपने यहाँ की शासन-प्रणाली को लोकतांत्रिक व्यवस्था में पेश किया।

लोकतंत्र को जीवन के किसी न किसी क्षेत्र में उन्होंने स्वीकार कर लिया। एक नमूना अमेरिका का था, एक फ्रांस का नमूना था, एक ब्रिटिश का नमूना था। सब लोगों ने इन्हीं में से एक तरीके को स्वीकार कर लिया, यानी एक आम सहमति दुनिया में बन गई, एक आदर्श शासन व्यवस्था के रूप में। लोकतंत्र ही एक ऐसी व्यवस्था है जो इनसानों की अधिकतम भागीदारी की व्यवस्था करती है, मगर यह सुख भी बहुत दिन तक उन ताकतों से देखा नहीं गया जो यह तय कर चुके थे कि हमें लोकतंत्र को आगे नहीं बढ़ने देना है। आजादी के फौरन बाद दो चीजें हुईं। हिन्दुस्तान, पाकिस्तान, बर्मा और श्रीलंका—इन चारों देशों में। यह संयोग नहीं था, गौर कीजिएगा कि गांधी की हत्या होती है 1948 में, आजादी मिलती है 1947 में, उसी वर्ष आंग सान की बर्मा में हत्या होती है, पाकिस्तान के प्रधानमंत्री लियाकत अली खान की हत्या

होती है। दो वर्षों बाद श्रीलंका के प्रधानमंत्री भण्डारनायके की हत्या होती है। ये जो हत्याएँ थीं, केवल संयोगों की हत्याएँ नहीं थीं। ये समय की हत्याएँ थीं। एक ही साथ चार-चार लोगों की।

कहीं न कहीं बड़ी ताकतें सक्रिय थीं जिन्हें लोकतंत्र फूटी आँख नहीं भाता, और जो रही-सही कमी थी, वह इन देशों में चर्च, मन्दिर, मस्जिद, इस्लामिक सत्ता ने पूरा कर दिया। उन्हें लोकतंत्र पसन्द नहीं था। उन्हें चाहिए था एक ऐसा राज्य जो उनके हिसाब से काम कर सके, और जो पुराना जमींदार वर्ग था, उनको चाहिए था एक ऐसा राज्य जो उनकी मर्जी से काम कर सके। पड़ोसी पाकिस्तान में राष्ट्रपति महोदय ने क्या किया? उन्हें लगा लोकतंत्र खतरे में है तो उन्होंने सेना के आदमी को बुलाया कि आप आइए। कुछ थोड़ा सा ठीक-ठाक कर दीजिए। उन्होंने कुछ दिन ठीक-ठाक किया भी। बाद में 1958 में फिर उन्होंने कहा कि अगर हमीं को ठीक-ठाक करना है तो सत्ता सीधी क्यों न ली जाए? उसके बाद अयूब खाँ साहब आए। उन्होंने एक काम सुनिश्चित किया, मगर उस काम को सुनिश्चित करने में महत्त्वपूर्ण चीज यह है सत्ता तो ले ली उन्होंने। सेना की हुकूमत तो हो गई। उन्होंने कहा भी कि नहीं, हम हैं लोकतंत्र ही। सेना जरूर है, सेना हुकूमत करे, मगर हम रहेंगे लोकतंत्र ही। उसका नाम रखा 'बेसिक डेमोक्रेसी'—जो पाँच साल में चुनाव होता है, वह नहीं होगा। हम पंचायतों के स्तर पर लोकतंत्र सुनिश्चित करेंगे। और वे लोग पार्लियामेंट में प्रतिनिधि भेजेंगे। पाकिस्तान में प्रयोग हुआ यह बेसिक डेमोक्रेसी का सब कुछ था, मगर डेमोक्रेसी ही नहीं थी। यह सिलसिला चला और चलता ही चला गया, पाकिस्तान में। पड़ोस में एक और देश था इंडोनेशिया। यहाँ सुकर्णो साहब हुकूमत करते थे। सुकर्णो साहब स्वाधीनता आन्दोलन के नायक थे, जैसे हमारे यहाँ नेहरू हुआ करते थे। सुकर्णो के व्यक्तित्व में एक तरह से गांधी एवं नेहरू का मिश्रण था। वे बहुत ही पॉपुलर थे जनता के बीच में। सेना के बीच में भी, कम्यूनिस्टों के बीच में भी, राष्ट्रवादियों के बीच में भी। 1957 के आसपास सुकर्णो साहब को भी लगा कि लोकतंत्र

कुछ ज्यादा हो रहा है। उनको लगा कि मैं ज्यादा ज्ञानी हूँ, समझदार हूँ तो बेहतर यह होगा कि ऐसी व्यवस्था बनाई जाए, जिसमें मुझे कुछ काम करने की छूट मिले।

एक और प्रयोग पड़ोस में देखते हैं। उस देश का नाम फिलीपीन्स था। फिलीपीन्स का सिस्टम तो आप जानते ही हैं कि वहाँ हर चार साल में चुनाव होता है। उनको भी लगा कि अधिकार कम हैं हमारे, ज्यादा अधिकार होने चाहिए तो उन्होंने सिस्टम को नाम दिया 'न्यू डेमोक्रेसी'। हमारा पड़ोसी देश है नेपाल। पहले वहाँ राणाशाही हुआ करती थी। लोकतंत्र की बहाली भारत ने की थी। महाराजा त्रिभुवन सिंह के बेटे महेन्द्र सिंह को लगा कि लोकतंत्र वाली बात कुछ जमती नहीं है, उन्होंने सारी सत्ता अपने हाथ में ले ली, और इसे 'पंचायत डेमोक्रेसी' कहा। अब मजे की बात यह है कि जो चार उदाहरण मैंने आपको दिए, इन चारों में लोकतंत्र निर्देशित है। लोकतंत्र नदारद है। लेकिन गौर कीजिए कि इन चारों तानाशाहों में कोई यह कहने का साहस नहीं कर पाया कि हमें लोकतंत्र से परेशानी है। हम लोकतंत्र खत्म कर रहे हैं। लोकतंत्र तो खत्म किया मगर लोकतंत्र का दबाव इतना था कि अपनी व्यवस्था को लोकतंत्र कहते रहे, यही लोकतंत्र की ताकत है।

एशियाई समाजों में अफ्रीकी समाजों के वे देश जो अपने-अपने देशों में लोकतंत्र होने पर गर्व करते थे, वे लगातार एक ऐसा विशिष्ट वर्ग तैयार कर रहे थे, जो विशिष्ट वर्ग उन्हीं की तरह सोचता हो, जो उनकी तरह चलने को राजी हो, यह पूरी कोशिश थी मगर कुछ देश उस लपेटे में आने से बच गए, कुछ देशों में यह सम्भव नहीं हो पाया। इंडोनेशिया में लम्बे समय तक सुकर्णो के हटने के बाद सेना का व्यक्ति 30 साल तक सत्ता में रहा। बर्मा में अभी भी लोकतंत्र कहने को है, मगर सत्ता किसके पास है, सेना के पास है अभी भी। पाकिस्तान में कहने को लोकतंत्र है, पर सत्ता तो सेना के पास है।

हिन्दुस्तान के सन्दर्भ में मैं यह कहना चाहता हूँ कि यहाँ डेमोक्रेसी का भावबोध नहीं है। हिन्दुस्तान अकेला ऐसा देश है जहाँ कई शताब्दियाँ एक साथ अस्तित्व में हैं—15वीं शताब्दी की सोच भी मौजूद है, 21वीं शताब्दी

की सोच भी है। छह शताब्दियाँ एक साथ अस्तित्व में हैं। यहाँ अभी ऐसे कुछ सवाल हैं, जिन्हें हल किया जाना बाकी है। गरीबी हटाने की बात बाद में हो जाएगी, विकास की बात बाद में कर लेंगे, पहले यह तय हो जाए कि माता कौशल्या की चारपाई कहाँ पर थी, राम कहाँ पैदा हुए थे, यह खोज होना जरूरी है। यह खोज पूरी नहीं हो रही है। प्राथमिकताओं का फर्क है। अगर प्राथमिकताएँ समाज की बीमारी दूर करना नहीं है, स्त्रियों की बराबरी का नहीं है, नौजवानों के लिए बेहतर भविष्य देने का नहीं है तो हम अतीत में दूर से दूर-दूर चले जाते रहेंगे। बड़ी चुनौती है उन शक्तियों से जो केवल अतीत की बात करती हैं। उनके पास वर्तमान का कोई सपना नहीं है, भविष्य का कोई सपना नहीं है, यह ध्यान में रखने की बात है। इस स्थिति में हिन्दुस्तान का लोकतंत्र बहुत ही भंगुर है। भंगुर इस अर्थ में है कि जितनी मजबूती की बात की जाती है, जनता मजबूती देती है। पहला देश बना है यह बिना हिंसा के। सत्ता का हस्तांतरण हो जाता है, और एक पार्टी नहीं इतनी सारी पॉलिटिकल पार्टियाँ हिन्दुस्तान में हैं। लगभग सभी पॉलिटिकल पार्टियाँ सत्ता में भागीदार रही हैं। कोई ऐसी पार्टी नहीं है जो सत्ता के बाहर रही हो।

कम-से-कम प्रदेशों के स्तर पर छोटी से छोटी पार्टी को सत्ता में रहने का मौका मिल चुका है, पर इसके बावजूद जिस रफ्तार से लोकतंत्र की गति तेज होनी चाहिए, उस रफ्तार में ब्रेक लग रहा है। ऐसी जो ताकतें हैं, उनकी तरफ मैं थोड़ा सा इशारा करना चाहता हूँ। आप गौर कीजिए, अखबारों में ऐसे फोटोग्राफ आपने अक्सर देखे होंगे कि अमुक पार्टी का नेता खड़ा हुआ है, उसे गदा भेंट की जा रही है, तलवार और चाँदी का मुकुट भेंट किया जा रहा है। चाँदी का मुकुट पहने वह नेता विदूषक या जोकर दिखता है। मगर ऐसा भावबोध सृजित किया गया है जिससे कोई बाहर नहीं है। हर पार्टी का नेता, चाहे वह स्त्री हो, चाहे पुरुष हो—सबको आपने धनुष-बाण या मुकुट पहने देखा होगा। यह एक दबी हुई लालसा है, यह उनकी दमित वासना है कि राजा होना चाहिए हमको। हम तो कहाँ

फँस गए लोकतंत्र में। जीत कर आते हैं, मुख्यमंत्री भी रहते हैं, फिर भी तमाम दबाव में काम करना पड़ता है। निरंकुश होना चाहिए था। तो एक बड़ा खतरा उन सामन्तवादी मूल्यों से है। ये सामन्तवादी मूल्य लोगों के दिलो-दिमाग में गहराई से धँसे हुए हैं। इस बीच में एक चीज और है। आजादी के तुरन्त बाद के वर्षों में जो लोग शासन सत्ता के शीर्ष पर पहुँचे थे, उन्हें संघर्ष की भी तमीज थी। उनका जनता के बीच एक प्रभामंडल था, पहचान थी, उनमें सेंस ऑफ इनसिक्योरिटी नहीं थी, चाहे वे नेहरू हों, पटेल हों, मौलाना आजाद हों। वे तमाम लोग नेतृत्व के बारे में, अपने कौशल के बारे में, और अपनी क्षमताओं के बारे में जानते थे। उन्हें पता था कि जनता में उनका सम्मान है, और वे जो कुछ भी कर रहे हैं, उन्हें कोई सफाई नहीं देनी है। उनमें एक विश्वसनीयता थी।

बाद के दौर में हमारी पीढ़ी के लोग सत्ता में आए। उन तमाम लोगों को जल्दबाजी इस बात की थी कि पता नहीं कितने दिन सत्ता में रहेंगे। इसके बाद आपातकाल आया। आपातकाल भारतीय लोकतंत्र में एक ऐसा प्वाइंट ऑफ डिपार्चर है, ऐसा सन्धि-स्थल है जहाँ से एक बार जो संस्थाएँ खत्म हुईं, वे संस्थाएँ दुबारा अपने पैरों पर खड़ी नहीं हो पाईं। उन संस्थाओं के बारे में ब्यूरोक्रेसी, न्यायपालिका, विधानमंडल की संस्थाएँ, तमाम तरह की संस्थाएँ—इन सबका अवमूल्यन आपातकाल के दौरान हुआ। उनको पुनर्जीवित करने करने की कोशिश बाद के सालों में नहीं दिखाई पड़ी। इसलिए मैं कहना चाहता हूँ कि दरअसल भारतीय लोकतंत्र कहीं ज्यादा खतरे में है, कहीं ज्यादा चुनौतियों का सामना कर रहा है। यह बड़ा देश है, कोई छोटा देश नहीं है, जहाँ के घटनाक्रम को आप अनदेखा कर दें। यह वह देश है जो महाशक्ति की आकांक्षा पाले हुए है, जिसकी इतनी बड़ी आबादी को आगे ले जाना है। ऐसे देश में होने वाला परिवर्तन इसलिए महत्त्वपूर्ण हो जाएगा क्योंकि यहाँ सेना के द्वारा सत्ता पर कब्जा करने की गुंजाइश लगभग नहीं है। इतनी विविधता है, मगर लोकतंत्र को खोखला करने की ताकत तो उन वर्गों में है ही। और यह छोटी-मोटी चीज नहीं है, कई बार ऐसा हुआ है।

एक रिटायर्ड सेनाध्यक्ष जो अपनी उम्र पहले ज्यादा लिखता है, जल्दी सेनाध्यक्ष बनने के लिए, बाद में कम लिखता है जिससे उसे ज्यादा दिन तक काम करने का मौका मिल जाए। वह राजनीति में आ जाता है आराम से, उसे कोई परेशानी नहीं होती है। एक रिटायर्ड सेनाध्यक्ष पंजाब में चुनाव लड़ने जा रहा है अकाली दल के टिकट पर। यह सेनाध्यक्षों का हाल है। वह सेना जिसको राजनीति में आने का चस्का लगा हो, वह कितने दिनों तक निष्पक्ष रहेगी?

दूसरा खतरा ब्यूरोक्रेसी से है। हिन्दुस्तान का पेट्रोलियम सेक्रेटरी अगर आज रिटायर होता है तो वह कल से ही कोई प्राइवेट नौकरी नहीं करेगा, राजनीति में नहीं जाएगा, ऐसी परम्परा थी। अब तो आज रिटायर होता है या रिटायर नहीं होता है, और नौकरी किसी कारपोरेट के यहाँ करने लगता है। भारत का गृह सचिव मेम्बर आफ पार्लियामेंट होता है यहाँ तक ठीक है। वह राजनीति में आता है, मगर भारत का पेट्रोलियम सेक्रेटरी रिटायर होते ही अम्बानी के यहाँ नौकरी कर लेता है तो साफ जाहिर है कि इसका मतलब है कि वह पेट्रोलियम सेक्रेटरी अपने रिटायरमेंट के कम से कम पाँच साल पहले से ही अम्बानी के हितों की रक्षा कर रहा होगा। आज टेक्सटाइल सेक्रेटरी रिटायर होता है तो वह चला जाता है मफतलाल के यहाँ। यह एक नया सिस्टम शुरू हुआ है कि जो लोग लोकतांत्रिक व्यवस्था के अंतर्गत काम करते हुए जनता की सेवा करने का काम करते थे, आज वे जनता के बजाय कारपोरेट की सेवा कर रहे हैं।

और इसी सन्दर्भ में तीसरी एक बात और कही जानी है, और वह भारतीय स्वभाव के साथ मेल खाती है। यह भारतीय स्वभाव नहीं बल्कि एशियाई स्वभाव है। एशियाई समाजों में परिवार नाम की संस्था बड़ी मजबूत है। ये उसकी ताकत भी है, उसकी कमजोरी भी है। जितने टीवी सीरियल आते हैं, फिल्में हैं, उनमें परिवार की एकता पर जोर दिया जाता है। और आपने ये बयान तो देखा ही होगा कि बाहरी लोग आकर गड़बड़ कर रहे हैं। आदमी परिवार का होना चाहिए, वही राज करने का अधिकारी है। कोई करता है प्रदेश

विशेष में, कोई करता है पूरे देश में, मगर हर एक का इलाका परिभाषित है। नवीन पटनायक दूसरी पीढ़ी में हैं। उड़ीसा उनका राज्य है, उनकी रियासत है। यह एक ऐसा क्षेत्र है, जहाँ एकक्षत्र राज्य करने की छूट उनको मिली है। और इससे बाहर कौन है? क्या जयललिता बाहर थीं? क्या शशिकला जी बाहर हैं, या करुणानिधि जी बाहर हैं, या ममता बनर्जी की सोच में कोई फर्क है? तब मैं कहना चाहता हूँ कि हम एक ऐसे दौर में प्रवेश कर चुके हैं, जहाँ सब के सब लोगों को केवल अपने-अपने परिवार दिखते हैं, जिनके साथ मतदाताओं को रहने के लिए मजबूर होना पड़ता है। यह जो सोच है, उसमें दो-तीन चीजों पर आप गौर कीजिए।

आपने देखा होगा एक आक्रोशित नौजवान नेता को, गुस्से में आकर वह अपनी ही कैबिनेट, अपनी ही पार्टी की सरकार के द्वारा लिए गए फैसले को एक प्रेस कॉन्फ्रेंस में फाड़ देता है। उसके पास विकल्प था, वह राजनेता चाहता तो अपनी पार्टी के नेताओं से कहता, आप इस समस्या पर दोबारा विचार कर लीजिए यह फैसला जनता के हित में है। शायद अपराधियों के बारे में वो बात थी, फैसला अच्छा होता, मगर उसने यह नहीं किया। पार्टी के प्रमुख से बात नहीं की। प्रेस कॉन्फ्रेंस में उस निर्णय के कागज को फाड़ कर दिखाया। ये सोच का तरीका है या उस राजनेता ने यह दिखा दिया कि मैं ऐसा कर सकता हूँ। सवाल यह उठता है कि लोकतंत्र की व्यवस्था मान कर चलती है, आप भी रहेंगे, मैं भी रहूँगा, अपनी बात से हम जनता को प्रभावित करेंगे, यह बुनियादी शर्त है। लोकतांत्रिक व्यवस्था मध्यम निकाय है, जिसमें थोड़ा यह सही है, थोड़ा यह भी सही है। आम सहमति का एक रास्ता निकालना पड़ेगा लोकतंत्र में, किसी तरह के अतिरेक की गुंजाइश नहीं है। बुनियादी तौर पर सबको साथ लेकर चलने वाली व्यवस्था है, उसमें थोड़ा गिव एंड टेक होगा, और कुल मिलाकर ऐसी व्यवस्था बनाई जाएगी, जहाँ सबके हितों को कम से कम स्तर पर स्थापित किया जाए।

अब मैं जिक्र करना चाहता हूँ एक ऐसी किताब का जो छोटी सी किताब है, हिन्दी में भी है और अंग्रेजी में भी। उसके लेखक का अब देहान्त हो गया

है। वह लेखक राजनीतिशास्त्री था। उसका नाम जावीद आलम था। जावीद आलम साहब आईसीएसएसआर के चैयरमैन भी रहे थे। वे शिमला यूनिवर्सिटी में पॉलिटिकल साइंस के प्रोफेसर थे। उन्होंने एक किताब लिखी है—'हू वान्ट्स डेमोक्रेसी'। यह किताब वाणी प्रकाशन से हिन्दी में भी छपी है। हिन्दी में उसका नाम 'लोकतंत्र के तलबगार' है। जावीद आलम का कहना है कि हिन्दुस्तान का ही नहीं, दुनिया भर का जो विशिष्ट वर्ग है, जो एलीट है, वह हर बन्धन से मुक्त है। चाहे बिजनेस एलीट हो, कल्चरल एलीट हो, पॉलिटिकल एलीट हो, एलीट वह है जो आम प्रचलित मर्यादाओं से ऊपर होता है। वह मूल्य तय करता है समाज के लिए। उसके लिए अभिजात शब्द है, जिसकी हैजेमेनी की बात ग्राम्शी ने की है। ऐसी स्थिति में जो एलीट है, वह आदतन अपने को आमजन से अलग रखता है, और आमजन के साथ बात करना उसका स्वभाव नहीं होता। वह एलीट इसलिए क्योंकि वह जनता से दूर है। जब-तब जनता को वह नश्वर प्राणी मानता है तब भी वह एलीट है। वह अलग इसलिए है कि है कि जनता नामक प्राणी से उसे परेशानी है। वह चाहता है कि हर किस्म के सारे अधिकार उसी वर्ग के हाथों में होने चाहिए।

दरअसल एलीट ने तो धोखा दे दिया। अगर हम एलीट के भरोसे रहेंगे, चाहे वह कल्चरल एलीट हो, पॉलिटिकल एलीट हो, ब्यूरोक्रेटिक एलीट हो, वह यह कहेगा कि आइएएस में टॉप करने वाला इलाहाबाद यूनिवर्सिटी का टॉपर और आइएएस का टॉपर—वह जेल रहता है कई महीने। उसने हजारों करोड़ का घोटाला कर रखा था, ऐसी स्थिति में क्या आशा की किरण होगी? तो ऐसे में जावीद आलम साहब कहते हैं कि अगर लोकतंत्र जिन्दा है भारत में, उसका एकमात्र कारण यह है कि यह कुछ लोगों के हित में है। एक तरह से एलीट क्लास का इंटरेस्ट है लोकतंत्र में। वे चाहते हैं कि लोकतंत्र उनकी चेरी हो जाए, गुलाम हो जाए। दूसरी तरफ कुछ लोगों का इंटरेस्ट इस बात में है कि लोकतंत्र मजबूत होना चाहिए। वे कहते हैं, वे कौन से लोग हैं जिन्हें लोकतंत्र की तलब है? तलब उसके लिए होगी लोकतंत्र की जिसके लिए लोकतंत्र का बना रहना, उसकी जिन्दगी और मौत का सवाल है। यह किसके

लिए है? दलित के लिए है, उन सामाजिक वर्गों के लिए है, जो आजादी से पहले सत्ता के दौड़ से बाहर थे। जिन सामाजिक समूहों ने पहली बार शिक्षा या सभ्यता का मौका पाया है, और वह आजादी के बाद मिला है। जिन्हें हम सबाल्टर्न कहते हैं, जिन्हें हम मार्जिनलाइज ग्रुप कहते हैं, जिन्हें हम हाशिये का समूह कहते हैं। इन हाशिये के समूहों का एक निहित स्वार्थ है लोकतंत्र में बने रहने में।

एक और तबका है हाशिये के वर्गों में ही। एक समूह तो दलितों का है, एक समूह उन महिलाओं का है जो चूल्हे पर खाना बनाती थीं और अब गैस के चूल्हे पर। उनका पूरा समय भोजन बनाने में चला जाता जाता था। लोकतंत्र रहेगा तो महिलाओं के लिए घर के दरवाजे खुलेंगे। अल्पसंख्यक समुदायों, खासतौर से हिन्दुस्तान में, के साथ कभी न कभी धौंसपट्टी हो चुकी है। भोपाल में ईसाइयों के साथ हो चुका है। जो पादरी था ऑस्ट्रेलिया से आया था काम करने के लिए, उसकी हत्या हो चुकी है और 1984 में चुन-चुन कर हर शहर में सिखों के साथ ज्यादातियाँ हो चुकी हैं। अल्पसंख्यक समुदायों के सभी समूहों को कभी न कभी बहुसंख्यक समुदाय की हिंसा का शिकार होना पड़ा है। ऐसी स्थिति में लोकतंत्र अल्पसंख्यक समुदायों के लिए स्पेस देता है, गुंजाइश देता है अपनी बात कहने की, वह भी लोकतंत्रीय प्रक्रियाओं के माध्यम से। लोकतंत्र में अपनी बात राजसत्ता तक पहुँचाने का एक तरीका रहता है। इसलिए वे तमाम लोग जो समाज के निचले पायदान पर हैं, वे तमाम लोग जो आदिवासी समूह से हैं, जिन आदिवासी समूहों को विकास की सारी प्रक्रिया से बेदखल रखा गया है, उन तमाम लोगों का इंटरेस्ट है लोकतंत्र के बने रहने में। इसलिए इन तमाम लोगों और एलीट्स की कोशिशों के बावजूद भी, अगर आमजन के हितों में काम करने वाला लोकतंत्र जिन्दा है तो यह साफ है वह ज्यादा से ज्यादा लोगों के लिए ज्यादा जरूरी है। उसकी एक बात और भी ध्यान रखिएगा—तमाम लोकतंत्रों में अक्सर क्या होता है, जो सही में प्रताड़ित है, उत्पीड़ित है, वह तो अपनी बात शान्तिपूर्वक कहता है। मगर जिन्हें परेशानी है

लोकतंत्र से, उनके पास नए-नए तरीके होते हैं। मैं जिक्र करना चाहता हूँ दो आन्दोलनों का।

एक आन्दोलन हुआ था इमरजेन्सी के खिलाफ। उस आन्दोलन में भागीदारी का मौका मुझे मिला था। 25 जून को जब बिहार में आन्दोलन को राष्ट्रीय परिप्रेक्ष्य दिया गया, तब 25 जून 1974 को इलाहाबाद में भी एक मीटिंग थी। यह जयप्रकाश नारायण ने बुलाई थी। जयप्रकाश नारायण ने 13 लोगों की अखिल भारतीय छात्र युवा समिति बनाई थी। एक दीपक जी थे, हिन्दी के बड़े साहित्यकार, पत्रकार थे, वे अध्यक्ष बनाए गए, 13 लोगों में मुझे भी मौका मिल गया था। उस समय मैं जेएनयू में छात्र था और सीपीएम से जुड़ा हुआ था। मैंने कहा कि भाई मैं किसी और पार्टी से जुड़ा हुआ हूँ, मगर कहा गया कि हम कोई पार्टी बना नहीं रहे हैं। फिर भी अगर पार्टी आपके रहने का विरोध करेगी तो आप छोड़ दीजिएगा। पटना और लखनऊ में जयप्रकाश नारायण आए थे, मैं उनसे मिला था। अब मैं गौर करता हूँ और पीछे मुड़कर देखता हूँ तो मुझे लगता है कि क्या वास्तव में यह जो आन्दोलन था भ्रष्टाचार के खिलाफ, सरकार के खिलाफ, उसमें ऐसा कैसे हुआ कि बिहार और गुजरात के मुख्यमंत्री को हटाया गया। वे भ्रष्टाचारी थे, पर वही चिमन भाई पटेल बाद में जनता पार्टी के मुख्यमंत्री हो गए। बाद में पूरी की पूरी सरकार बदल गई। जो व्यक्ति बिहार में आन्दोलन से निकले थे, वे कहाँ गए? क्या वे सत्ता में आए, उनके चरित्र में क्या फर्क था, अन्य बाकी लोगों से यह मैं उदाहरण देना चाहता था।

आपने भी देखा, अन्ना आन्दोलन हुआ। बड़ा मुद्दा था कि पॉलिटिकल क्लास बेईमान हो गया है। उस पॉलिटिकल क्लास की बेईमानी के खिलाफ जो लोग इकट्ठा हुए थे, वे दूध के धुले लोग थे। वे लोग कहाँ पहुँचे? अन्ना जी दो साल आठ महीने हो गए हैं, नहीं बोल रहे हैं। मुद्दा क्या था, इतनी तात्कालिकता थी कि अगर लोकपाल आएगा तो ठीक हो जाएगा, लोकपाल नहीं आएगा तो देश नष्ट हो जाएगा। वह सरकार आ गई जो अन्ना के सपनों की सरकार थी। लोकपाल की चर्चा अब नहीं हो रही है। यानी क्या होता

है कि कई बार ऐसे आन्दोलन जनता के बीच से निकलकर आते हैं, जो भटकाने के लिए होते हैं। भ्रष्टाचार समाज से खत्म नहीं होने जा रहा है। यह मैं जो कह रहा हूँ, यह मत समझिएगा कि मैं बेईमान हूँ और बेईमानी से मुझे बड़ी मुहब्बत है। करप्शन एशियाई समाजों में सामाजिक रूप से स्वीकार्य एक व्यवस्था है। यहाँ कहावतें हैं—'पहले घर में दिया जलाओ, फिर मस्जिद में दिया जलाना।' अगर आप अपना ही नहीं घर पाएँगे तो और किसी का क्या करेंगे? गाँव के बड़े-बूढ़े सिखाते हैं कि पहले अपना काम ठीक-ठीक कर लो, समाज की चिन्ता बाद में करना।

एक बड़ी अच्छी किताब 1974 में छपकर आई थी। उसके लेखक मलेशिया के एक बड़े समाजशास्त्री थे और उस वक्त वह मलेशिया सरकार में मंत्री भी हुआ करते थे। उनका नाम था सैयद हुसैन अलाताश। उनकी किताब का नाम था, 'द सोशियोलॉजी ऑफ करप्शन'। उस किताब की मैंने तीन पन्नों की समीक्षा लिखी थी। उन्ही दिनों आईसीएसएसआर की सोशल साइंसेज पर एक एशियन कॉन्फ्रेंस थी। इब्राहिम साहब उसमें भाग लेने के लिए दिल्ली आए हुए थे। उस वक्त आईसीएसएसआर के निदेशक योगेश अटल हुआ करते थे। उन्होंने मुझसे कहा कि सैयद हुसैन अलाताश साहब आए हुए हैं, तुम लोग आन्दोलनों में एक्टिव रहते हो। उनसे जाकर मिलो और उनका एक इंटरव्यू लो। हम लोगों ने कहा कि इंटरव्यू कैसे करेंगे? उन्होंने कहा कि उनसे समय मैं दिलाऊँगा। उन्होंने समय दिला दिया और मैंने उनका इंटरव्यू लिया। अलाताश साहब ने अपनी किताब में बात यही कही कि एशियाई समाजों में भ्रष्टाचार के बारे में एक पाखंड है, लोगों के दिमाग में। यहाँ हर व्यक्ति भ्रष्टाचार के खिलाफ बोलता है, हर व्यक्ति अपनी सुविधा के लिए भ्रष्टाचार का इस्तेमाल करना चाहता है, इसलिए एशियाई समाजों से कभी भी भ्रष्टाचार समाप्त करने की बात ही नहीं की जा सकती। 1974 तक इतना बाजारवाद नहीं आया था। ग्लोबलाइजेशन बाद की चीज है, विज्ञापन बाद में बनना शुरू हुए। अब हर चीज आपको खरीदनी है—प्रसाधन से लेकर कपड़े तक, हर चीज। जब तक उपभोग के लिए लोगों में

ललक रहेगी, तब तक भ्रष्टाचार समाप्त नहीं हो सकता है। अपने न्यायोचित साधनों से कोई भी व्यक्ति उन तमाम जरूरतों को पूरा नहीं कर सकता है। जो जरूरत उसमें उपभोग के प्रति ललक पैदा करती है, वही उससे भ्रष्टाचार करवाती है, यह अलाताश साहब का कहना था।

मेरा मानना यह है भ्रष्टाचार के नाम पर अक्सर दस साल बाद कोई न कोई आवाज कहीं से उठती है। प्रमुख बात यह है कि जिन लोगों ने भ्रष्टाचार के बारे में चर्चा की थी, कुछ भी हो, लेकिन उनका तरीका लोकतांत्रिक नहीं होता है। आपने देखा जो हीरो उभरा था अन्ना आन्दोलन से, उसके जितने साथी थे, उन साथियों को वह बर्दाश्त नहीं कर सका। सत्ता कभी भी शेयर नहीं की जा सकती है। पावर को आप बाँट सकते हैं, साहबों के बीच बाँट सकते हैं, चाटुकारों के बीच बाँट सकते हैं, दरबारियों के बीच लेकिन पावर बराबरी की नहीं हो सकती है। सत्ता का यह स्वभाव है। ऐसी स्थिति में जब हम हिन्दुस्तान के सन्दर्भ में लोकतंत्र की बात करते हैं तो मैं फिर कहता हूँ कि विषय दिया था—नन्ही सी जान हजार दुश्मन। यहाँ इस तरह दुश्मन समाज ही है, दुश्मन जमाना है तो जमाना लोकतंत्र का दुश्मन है। ताकतवर लोग लोकतंत्र के दुश्मन हैं। विदेशी ताकतें लोकतंत्र की दुश्मन हैं, और जो बाजार है, वह बाजार क्या कहता है? बाजार कहता है कि राजसत्ता कमजोर होनी चाहिए, बाजार कहता है कि वह नियम खुद तय करेगा, और जो सत्ता में लोग आए हैं, उन्होंने भी कहा था, मैक्सिमम गर्वनेन्स और हो क्या रहा है? देश का सबसे बड़ा धनपशु धन्ना सेठ प्रधानमंत्री के पुटठे पर हाथ रखकर बात करता है। अगर बराबरी हो जाएगी हिन्दुस्तान के सबसे बड़े धन्ना सेठ और सत्ता के प्रमुख पुरुष के बीच में जो वोट दिया था, वह तो गायब हो जाएगा, क्योंकि उसी की कीमत पर उसी पीठ पर चढ़कर राजसत्ताएँ खड़ी होती हैं। तो जावीद आलम साहेब जो कहते हैं कि डेमोक्रेसी की तलब जिन लोगों में है, जरूरत जिन लोगों को है, उन्हीं लोगों को डेमोक्रेसी की रक्षा के लिए कोशिश करनी चाहिए और उनकी कोशिशों की वजह से ही जितना लोकतंत्र बचा हुआ है, अभी भी बचा हुआ है, जो खतरा है, वह सामने है

ही। ऐसी स्थिति में मैं अपनी बात खत्म करना चाहता हूँ हबीब जालिब साहब के एक शेर के साथ—

ये लोग कुछ कम निगाह जिनको
समझ रहे हैं कि ना समझ हैं
यही जमाने में आम जालिब
शऊर की रोशनी करेंगे।

जिन्हें हम लोग नासमझ समझ रहे हैं, लोकतंत्र को अन्ततः बचाएँगे वही, कुर्बानियाँ भी वही देंगे। संघर्ष भी वही करेंगे जो संख्या में ज्यादा हैं। उनके लिए लोकतंत्र अस्तित्व की रक्षा का सवाल है।

दिनांक 10.02.2017
संस्थान ऑडिटोरियम

भारतीय परम्परा में संघर्षविहीन सुधार

डॉ. कृष्ण गोपाल

सम्माननीय निदेशक महोदय, श्रीमान बद्री नारायण जी, सज्जनो, बन्धुओ व बहनो।

मेरे लिए सौभाग्य की बात है कि आपके सामने मुझे संस्थान में बोलने का अवसर प्राप्त हुआ। आज सन्त रविदास जी का जन्मदिन है तो मैं आप सबको इस अवसर पर बधाई देता हूँ। आज की चर्चा का विषय मेरे सामने है—भारतीय परम्परा में संघर्षविहीन सुधार। सुधार आवश्यक तब होता है जब समाज में कोई समस्या होती है, समाज किसी कठिनाई से जब जूझता है। समाज को ऐसा लगता है कि वर्तमान परिस्थितियाँ ऐसी हैं, जिनमें बदलाव चाहिए। समाज बदलाव के लिए संघर्ष करता है और अपेक्षानुसार नया बदलाव चाहता है। भारत का स्वभाव, भारत का चरित्र, भारत का जो मूल व्यक्तित्व है, वह विश्व से थोड़ा भिन्न है। दुनिया में अनेक ऐसे देश हैं, जहाँ पर समस्याएँ आईं, और उन देशों ने वहाँ पर अपने-अपने अनुसार बदलाव लाने का प्रयत्न किया। उन देशों ने बदलाव लाने के लिए जो प्रयत्न किए, उनमें मुख्यतया हिंसक आन्दोलन थे, हिंसक क्रान्तियाँ थीं। इन क्रान्तियों में लाखों-करोड़ों लोगों की जानें गईं। उदाहरण के लिए हम कहें, फ्रेंच

रिवोल्यूशन आया, और ऐसा लगा कि दुनिया में लिबर्टी, फ्रेटरनिटी के लिए एक बड़ा परिवर्तन है। यह भी ध्यान में रखना होगा इसमें 10 लाख लोगों की हत्या भी हुई थी। मरने वाले और मारने वाले दोनों ही लोग उसी देश के थे। प्रश्न यह उठता है कि जो बदलाव आया, वह अच्छा था या खराब, लेकिन बदलाव वहीं का, समाज वहीं के लोगों का था।

हम देखते हैं कि अमेरिका में एक बड़ा सिविल वार हुआ। मरने वालों की संख्या 16-17 लाख से अधिक थी। बदलाव लाने वाले लोग वहीं के थे। जिनके विरोध में लड़ रहे थे, वे लोग भी वहीं के थे। मरने वाले लोग भी अमेरिकन ही थे। हम देखते हैं कि एक से एक बड़ी क्रान्तियाँ हुईं। वोल्शेविक के साथ मरने वाले और मारने वाले दोनों यूरोपियन ही थे। संख्या लाखों में थी। स्टालिन के सामने फिर एक दूसरी क्रान्ति का चरण चला, करोड़ों लोग मारे गए। मरने वाले और मारने वाले दोनों ही एशियन थे।

हम चीन में देखते हैं कि एक बड़ा क्रान्तिकारी परिवर्तन आता है और अलग-अलग चरणों में मरने वालों की संख्या 4-5 करोड़ से भी अधिक हो गई। वे सब चाइनीज थे, यानी वे एक स्वरूप थे। विश्व में अधिकांश देशों में इस स्वरूप को हम देखते हैं। बदलाव उनको आवश्यक लगता है, समाज उन परिस्थितियों में कष्ट पाता है, दुख पाता है, और बदलाव लाना चाहता है। लाखों-करोड़ों लोगों की हत्या के बाद नया परिवर्तन वे लाते हैं। हमारे यहाँ यह नहीं है। जिस प्रक्रिया से वह गुजरता है, सामान्यत: वह प्रक्रिया बड़ी भारी हिंसक ही है। लाखों-करोड़ों की हत्या के बाद वे लोग नया परिवर्तन देखते हैं।

मित्रो, भारत की बात भिन्न है। भारत की प्रवृत्ति भिन्न है। भारत का विकास भिन्न है। किसी बात पर एकदम गुस्सा करना, किसी बात पर विद्रोही हो जाना, किसी भी बात पर हिंसक हो जाना, किसी भी बात पर संघर्ष के लिए मिलकर तैयार हो जाना, पाश्चात्य जगत का स्वाभाविक गुण है। रवीन्द्रनाथ टैगोर अपने कई भाषणों में इसका उल्लेख करते हैं। उसका एक कारण यह रहा कि रवीन्द्रनाथ टैगोर और उनके साथ के और बहुत सारे

लोग समाज विज्ञानी हो गए, बहुत से पॉलिटिकल थिंकर्स हो गए। उन्होंने कन्क्लूजन निकाल कर अपना एक निष्कर्ष दिया है। निष्कर्ष ऐसा है कि वह सारा यूरोपियन क्षेत्र है, वहाँ की जलवायु बहुत कठिन है, अच्छी उपजाऊ जमीन बहुत कम है और प्रकृति निष्ठुर है। थोड़ी-सी भी उपजाऊ जमीन को सँभाल कर रखना भी एक कठिन काम है।

इस उपजाऊ जमीन पर अपने जानवर, अपने समाज, अपने कबीले, और अपने समूह द्वारा कब्जा करके रखना, और दूसरी उपजाऊ जमीन को खोज कर रखना, एक बड़ा ही मुश्किल काम था। वहाँ पथरीले लम्बे मैदान थे, जहाँ पैदा कुछ भी नहीं होता था, और बहुत थोड़ी-सी जमीन ऐसी मिलती थी, जहाँ पर अच्छी फसल हो सकती थी। उनको जो जमीन मिल गई उसकी सुरक्षा दूसरे लोगों से करना, दूर जो अच्छी जमीन है, उसको जा करके लूट करके उस पर कब्जा करना होता था, इसलिए स्वाभाविक रूप से एक बड़ा समाज मिल कर संघर्ष करता था, मिल कर आक्रमण करता था, मिल कर अपनी भूमि, अपने समाज की सुरक्षा करता था, और मिल कर आवश्यकता पड़ने पर भागता था। यह मिल कर काम करना, मिल कर लड़ना, मिल कर संघर्ष करना, ऐसे संघर्ष करने की प्रकृति वहाँ पर स्वाभाविक रूप से बन गई थी।

रवीन्द्रनाथ टैगोर लिखते हैं—'पूर्व के काल में वे मिल कर लड़ते थे, मिल कर भागते थे, मिल कर अपनी सुरक्षा करते थे। आज के समय में वे मिल कर दुनिया में साम्राज्य स्थापित करते हैं।' स्वाभाविक है प्रकृति में असहिष्णुता आ गई। उनका स्वभाव हिंसक और बर्बर हो गया। स्वभाव लूटने वाला हो गया। रवीन्द्रनाथ टैगोर और उस समय के बहुत से विद्वानों ने कन्क्लूजन निकाला है कि पाश्चात्य जगत का इंटॉलरेंट बिहेवियर, पाश्चात्य जगत का दूसरे समाज पर शासन करने का व्यवहार, दूसरे समाज को कालोनी बनाकर, उपनिवेश बनाकर, शोषण करने का बिहेवियर, उसमें से पैदा होता है। भारत की प्रकृति भिन्न थी। भारत में उपजाऊ जमीन की कोई कमी नहीं थी। भारत को यहाँ की जलवायु ने भरपूर दिया था। थोड़ा-सा करने

के बाद पेट भरने के लिए, बहुत थोड़ी-सी जमीन की आवश्यकता थी। इतना उपजाऊ गंगा-यमुना का मैदान, पेशावर से लेकर गंगासागर तक, लाखों वर्ग किलोमीटर तक जमीन ऐसी थी कि मनुष्य निवास कर सकता था। और इधर बड़ी मात्रा में जंगल थे, जिनको काटने की आवश्यकता हजारों वर्षों तक नहीं पड़ी। अपनी आवश्यकता के लिए, उपभोग के लिए, आवश्यक सामग्री मिल जाती है, तब आदमी चिन्तन करता है। जब अन्न, जल, औषधियाँ, निवास मिलता है तो हिंसक प्रवृत्ति नहीं शान्त प्रवृत्ति बनती है। तब मनुष्य चिन्तन करता है कि मैं कौन हूँ। खाने-पीने के लिए दौड़ करके, भाग करके, जमीन ढूँढ़नी नहीं पड़ती थी, प्रकृति ने सब कुछ दिया था, इस कारण शान्त चिन्तन प्रारम्भ हुआ। खाने-पीने को जब अन्न मिल जाता है, और बाहर से आक्रमण की खतरे की बात जब नहीं है तो मन चिन्तनशील होता है। इस चिन्तनशीलता में भारत का चिन्तन प्रारम्भ हुआ।

उसने मनुष्य को यह सोचने के लिए प्रेरित किया कि मैं कौन हूँ, कहाँ से आया हूँ, मुझको किसने भेजा है। मैं कहाँ जाऊँगा, मेरा और अन्य लोगों का सम्बन्ध क्या है, मेरा प्रकृति का सम्बन्ध क्या है, जीव व जगत, मैं और ईश्वर, ईश्वर व मेरा, इन सबके बारे में गहन चिन्तन प्रारम्भ हुआ। इसी को इस देश में कहा गया कि यह अध्यात्म है। इसी के कारण लोगों के मन में एक विचार बना। विचार करते-करते, देश के ऋषि लोगों ने एक मौलिक सिद्धान्त प्रकट किया। आप और हम—दो नहीं, हम और प्रकृति—दो नहीं, हम जीव और जगत—दो नहीं। हम सबके अन्दर एक आत्मबोध की प्रवृत्ति उस समय के विचारकों ने की। हम कहते हैं कि इस देश में अध्यात्म का जन्म होता है तो उसका कारण बहुत प्रकार की विविधता है। रंग की विविधता है, स्वभाव की विविधता है, जलवायु की विविधता है, लौकिक जगत को हम देखते हैं तो वनस्पति की विविधता है। बोलचाल, भाषा-वाणी की विविधता है। इतनी ज्यादा विविधता है।

ऋषि कहता है, भारत का विद्वान कहता है, विविधता है पर वह बाहर है। वैसे भारत में मौलिक, आध्यात्मिक एकता है। हमारी जो मौलिक-

आध्यात्मिक एकता है, विविधता में प्रस्फुटित होती है। हमारी फंडामेंटल यूनिटी मौलिक है। हम अन्दर से, हृदय से एक हैं। भारत के उन लोगों ने हजारों-हजार वर्ष पहले मौलिक सिद्धान्त रखा, हम अन्दर से एक हैं। बाहर से अलग-अलग प्रकार के दिखते हैं। चार तरह के मनुष्य हैं, कोई बहुत गोरा मिलेगा, कोई साँवला मिलेगा तो कोई अधिक काला मिल सकता है, बौद्धिक विद्वान मिल सकता है। सामान्य मिलेगा, बहुत धनवान हो सकता है, बहुत सामान्य होगा, ऐसा भी मिल सकता है। इतने प्रकार की जो विविधता है, अनंत है। लेकिन इन विविधताओं में एकत्व का भाव देखना, इस देश की मौलिक बात थी। वैसे इस देश के हजारों-हजार वर्ष पूर्व के ऋषियों ने कहा कि वह परम सत्य एक ही है। हम लोग भिन्न प्रकार से उसे विश्लेषित कर सकते हैं। अन्तिम सत्य एक ही है, यह मौलिक बात थी।

किसी ऋषि ने दसियों हजार वर्ष पूर्व कहा, सत्य एक है। यह जो फण्डामेन्टल यूनिटी है उसका आधार कितना विस्तृत रहा होगा? वह ऋषि कितना विद्वान होगा, कितना विचारशील होगा, जिसने किसी भी प्रकार के भेदभाव पर विभाजन न करके सबको समाहित करने की कोशिश की होगी? उसने किसी भी भेदभाव में टूटन न देख करके समाहित करके एक रूप में देखने की कोशिश की होगी। वह कहता है, वह परम सत्य एक ही है, दस प्रकार के विवाद हो सकते हैं, चर्चाएँ हो सकती हैं, दस प्रकार की, सौ प्रकार की, मत-भिन्नताएँ हो सकती हैं। हम एक ही सत्य को दस तरह से बोल सकते हैं, कह सकते हैं, समझ सकते हैं। इस देश के मौलिक दर्शन का यह आधार था। इस देश का जो मौलिक दर्शन था, सत्य को लेकर ही चला। वेदों के पूर्व भी कोई न कोई विवाद खड़े हुए होंगे। उन बातों को ध्यान में रख करके, दर्शन दिया गया होगा कि हम एक हैं। इतना ही नहीं, हम एक से उद्भूत हैं। और ऐसी विविधताओं को एकता में देखना, एकता को विविधता में प्रस्फुटित या विकसित होता हुआ देखना यह किसी भी विविधता के संघर्ष को मिटाता है। ऊपर से देखने में जब लगता है विविधता है तो धीरे-धीरे भेद ध्यान में आता है। जब भेद ध्यान में आता है तो द्वंद्व आता है। जब द्वंद्व

ध्यान में आता है तो संघर्ष ध्यान में आता है। जब संघर्ष ध्यान में आता है तो एकदम विभाजन हो जाता है। हम आपसे अलग हैं, हम आपसे भिन्न हैं। भारत में हम और आप एक हैं, यह मौलिक आधार था। पाश्चात्य जगत में आधार यह था, हम-आप भिन्न हैं, हम आप नहीं हैं।

पाश्चात्य जगत में जो नेशनलिज्म दिखता है, उसकी जड़ बहुत पीछे है। जर्मनी में नेशनलिज्म पैदा हुआ, जब हिटलर से बहुत पहले फ्रेंच रिवॉल्यूशन के थोड़े दिन बाद ही उन्होंने कहा—वी आर जर्मन। जर्मन का मतलब, हम अलग हैं, हमारी भाषा अलग है, हमारा इतिहास अलग है, हमारा स्वभाव अलग है, हमारा व्यापार अलग है, हमारा जीनियस अलग है, हमारा लिटरेचर अलग है, हम अलग हैं, हम अलग नेशन हैं। बन्धुओ पूरे विश्व का परिदृश्य देखें, हम आप नहीं हैं, आप से भिन्न हैं—यह पाश्चात्य जगत के नेशनलिज्म का आधार है और ऐसे दो भाषा- भाषी एक साथ रह नहीं सकते, दो रिलीजन के लोग एक साथ रहने में संकट अनुभव करते हैं। दो कस्टम्स हैं, दो ट्रेडीशन हैं, दो प्रकार की हिस्ट्री है, दो प्रकार का क्लाइमेट है, दो प्रकार की हैबिट हैं, दो प्रकार की इकोनॉमी है, साथ रह नहीं सकते। साथ-साथ रह नहीं सकते यह उनकी समस्या है, और इसलिए वे सुधार लाते हैं, और सुधार लाने का मतलब यह है कि वे अलग हो जाते हैं। हमको अलग कर दीजिए आप, हम अब आपके साथ रह नहीं सकते। हम अलग जीव हैं, और इसके कारण यू. एस. एस. आर. बिखर जाता है। युगोस्लाविया अलग हो जाता है। इसके कारण स्कॉटलैंड यू.के. से अलग होना चाहता है। इसके कारण से बांग्लादेश पाकिस्तान से अलग हो जाता है।

भारत की स्थिति भिन्न है और जब भारत को लोग देखते हैं तो उनको आश्चर्य होता है। वे भारत को देखते हैं, समझने की कोशिश नहीं करते। इतनी विविध जलवायु वाला एक देश, इतना भयंकर शीत वाला हिस्सा भारत में है। भयंकर रेत वाला हिस्सा जहाँ तूफान उठते हैं, ऐसा हिस्सा भारत में है। इतने प्रकार की जो विविधता है, इतने प्रकार की जो भाषा है, इतने प्रकार के जो लोक और पर्व हैं, इतने प्रकार के सोचने के तरीके हैं—तब भी भारत

एक है उनको यह देखकर आश्चर्य होता है। यू.एस.एस.आर. बँट जाता है। 12 देश भी मिलकर नहीं रहना चाहते, क्यों? क्योंकि हमारी लैंग्वेज अलग हैं, हमारे ट्रेडीशन अलग हैं, और इकोनॉमी अलग है। उनको आश्चर्य होता है कि भारत इतनी विभिन्नता के साथ कैसे रह लेता है?

और इसलिए भारत को समझना और भारत को जानना महत्त्वपूर्ण बात है। उदाहरण के लिए मैं आपके सामने एक बात रखूँ, जब भारत को स्वतंत्रता मिली 560 रियासतें एक होने को कुछ महीनों के अन्दर तैयार हो गईं। वे क्यों तैयार हो गईं? क्या कारण है कि त्रिपुरा, मणिपुर, राजस्थान के राज्यों की रियासतों में कोई मेल है पर इन सबमें अन्दर से बहुत गहरी एकता है? मणिपुर ने त्रिपुरा के राजा से पता कराया भारत स्वतंत्र हो रहा है, हम मिल जाएँगे। 560 रियासतों में कुल चार रियासतों ने समस्या खड़ी की थी। हम जानते हैं बाकी 556 रियासतों ने कोई समस्या नहीं खड़ी की थी। उनके नागरिकों के मन में था भारत एक देश है, यह पाश्चात्य जगत की तरह डेवलप हुआ नेशन नहीं है। फंडामेंटल बात यह है कि सभी को मालूम है जर्मनी कब पैदा हुआ, फ्रांस कब पैदा हुआ। यूनाइटेड किंगडम को मालूम है कि यू.के. कब पैदा हुआ, रूस को मालूम है रशिया कब पैदा हुआ, इंडोनेशिया, हंगरी को मालूम है, पोलैंड को मालूम है। लेकिन भारत को मालूम नहीं है। भारत नाम का नेशन कब पैदा हुआ, इसकी कोई भी व्याख्या नहीं कर सकता है।

भारत के बारे में संजय से धृतराष्ट्र पूछता है। संजय घंटों बोलता चला जाता है, पंजाब से लेकर आसाम तक वर्णन करता है। कश्मीर से लेकर तमिलनाडु तक वर्णन करता है। भारत है—इसमें सैकड़ों राजा हैं, सैकड़ों नदियाँ हैं, सैकड़ों पर्वत हैं, सैकड़ों त्योहार एवं तीज हैं। यह भारत है। भारत का आधार राजा नहीं है। भारत का आधार सेना नहीं है। भारत का आधार कोई विशेष रहस्य नहीं है, कोई विशेष ट्रेडीशन नहीं है। इसकी कोई एक विशेष परम्परा नहीं है, पर्टिकुलर स्पेस नहीं है। भारत का आधार अध्यात्म है। इस मौलिक वाद को लेकर जब हम चलते हैं, तब समझते हैं कि भारत

का विकास कैसे हुआ है। भारत नाम का जो राष्ट्र है, वह भारत नाम का एक समाज है, इसमें उस समाज की एक प्रकृति है। भारत नाम का एक विशेष चिन्तन है, इस समाज की एक डेस्टिनी है। समाज उस बात को गहराई से समझता है, ध्यान में रखता है। पाश्चात्य जगत का जो नेशन है, वहाँ राज्य सेन्ट्रल पाइंट में है। सेना और राज्य, जय और विजय और इसके साथ उस नेशन का भविष्य निर्भर करता है। और इसलिए वे जो नेशंस है, वे जन्मते भी हैं, और किसी भी एक घटना पर वे न अपना प्राण छोड़ सकते हैं। और हम देखते भी हैं इतिहास में कि अनेक व्यवस्थाएँ बिगड़ जाती हैं, विविध प्रकार के संकट आते हैं। उन संकटों को भारत देखता है। उन संकटों के प्रति भारत कैसे संघर्ष करता है, उन संकटों में से भारत कैसे निकलता है? मैं आज के इस व्याख्यान में आपके सामने कुछ घटनाओं को सामने रखकर अपनी बात को प्रस्तुत करने की कोशिश करता हूँ।

कोई भी व्यवस्था स्थिर नहीं रहती, हर व्यवस्था टूट जाती है। काशी में बड़े-बड़े राजा लोग आ करके मन्दिर बनवाते थे और वहाँ लिखवाते थे—'यह जो बन रहा है, एक दिन नष्ट हो जाएगा।' ये सुन्दर व्यवस्थाएँ आती रहती हैं। लेकिन भारत नष्ट होती व्यवस्था में से उठता है, संकट में से फिर बाहर निकलता है और बाहर निकलने की इसकी जो कला है, बाहर निकलने का उसका जो स्वभाव है, वह दुनिया से भिन्न है। वह भिन्न प्रकार का है। उसको अपने को समझना है तो हम अपने इस देश को, इसके स्वरूप को अच्छे से समझ सकते हैं। हमने यहाँ पर सामंजस्य देखा है संघर्ष नहीं देखा है। पाश्चात्य जगत ने हर बात पर संघर्ष देखा है, स्ट्रगल देखा है। मनुष्य में, व्यक्ति में और परिवार में संघर्ष है। समाज में संघर्ष है, मनुष्य और जानवरों के बीच संघर्ष है। छोटे-बड़े के बीच में संघर्ष है, मनुष्य और प्रकृति के बीच में संघर्ष है। व्यापारी और ग्राहक के बीच में संघर्ष है, मिल मालिक और मजदूर के बीच में संघर्ष है। भारत देखता है सबके बीच में समन्वय हो सकता है, सबके बीच में सामंजस्य हो सकता है।

भारत का जो अध्यात्म है, वह किसी भी विपरीत परिस्थिति में सामंजस्य

ढूँढ़ने की कोशिश करता है। वह सामंजस्य के धागे को नष्ट नहीं होने देता। यह भारत की विशेषता है, भारत हिम्मत नहीं हारता, और भारत का जो सेन्ट्रल प्वाइंट है, वह राजा, सेना या प्रशासन से नहीं है और इसलिए जब संघर्ष आता है, समस्या आती है, भारत देखता है कि समस्या का समाधान कैसे निकालेगा। वेदों के पूर्व जब संघर्ष आया होगा, वेदों के पूर्व जब कोई समस्या खड़ी हुई होगी, भारत ने वेद दिए थे। जब वेदों के कर्मकांड बन गए, वेदों के कर्मकांड में अति व्यय होने लगा, समय बहुत लगने लगा। मूल दर्शन का धीरे से, शान्ति से, उत्तरवैदिक काल आ गया, और इस मूल दर्शन को रखने वाले उपनिषद सामने आए। थोड़े दिनों बाद लगा कि यह कठिन है, उपनिषदों की भाषा थोड़ी कठिन थी। वो जन सामान्य को गहराई से समझ नहीं आती थी। वह समय भी चलता रहा।

हम एक दूसरा भी परिवर्तन देखते हैं जब अपने देश में बुद्ध आ गए। बुद्ध एवं महावीर का काल दिखता है, और अलग-अलग कर्मकांड और अलग-अलग शास्त्र और दर्शन को लेकर। बुद्ध आगे बढ़ते हैं, महावीर आगे बढ़ते हैं, सत्य, हिंसा, अपरिग्रह इन सब को लेकर हैं। त्याग का सन्देश देते हुए बुद्ध सनातन दर्शन को फिर से निकाल करके बाहर ले आते हैं। कितनी शान्ति से वह तीसरा परिवर्तन दिखता है। पहला परिवर्तन वेदों का आगमन, दूसरा परिवर्तन उपनिषदों का आगमन, तीसरा परिवर्तन बुद्ध और महावीर का आगमन। यह देखें कि बुद्ध को मानने वाले लोग भी बुद्ध की मूर्तियाँ लगाने लगे। बुद्ध तो मूर्ति पूजा के समर्थक नहीं थे। और मूर्ति पूजा तब तक इस देश में आई भी नहीं थी। लेकिन सबसे ज्यादा मूर्तियाँ बुद्ध के समय ही बनने लगीं। विभिन्न प्रकार के जो पुराने कर्मकांड थे, वे वापस आ गए। इसके बाद सिद्ध आते हैं। सिद्धों का तो एक बड़ा काल है। सनातन दर्शन फिर पैदा होता है। एक नया परिवर्तन आता है इस देश में, जो लम्बे समय तक चलता है। इस काल में अचानक एक वर्ग विद्वत्ता के साथ मौलिक दर्शन को लेकर खड़ा होता है, नया स्वरूप दे देता है। पुरानी बुराइयों को निकाल बाहर करने की कोशिश होती है। यह शान्त कोशिश है।

बुद्ध संघर्ष नहीं करते हैं। बैर से बैर, शत्रुता से शत्रुता, इससे समाप्त कुछ भी नहीं होगा। हिंसा से नहीं, शान्ति भाव से कुछ करने पर ही कुछ होगा।

बुद्ध का काल चल रहा है। उस समय एक दूसरा परिवर्तन इस देश में प्रारम्भ होता है, और उसको देश शान्ति से देखता है। बन्धुओ पाँच जातियों के बड़े आक्रमण इस देश में हुए—यह समझने की बात है। बड़ी मात्रा में शक आ गए, देश में अन्दर तक घुस गए। उनके साम्राज्य स्थापित हो गए। लेकिन सारे के सारे शक इसी देश में विलीन हो गए। इसी देश की आध्यात्मिक धारा में वे चले गए। क्या रास्ता उन्होंने अपनाया यह गौण बात है। बड़ी मात्रा में ग्रीक आए, इंडोग्रीक आए देश में। अन्दर तक चले गए, उनके शासन स्थापित हो गए। ग्रीक राजा थे, भारत में आकर शासन कर रहे थे। वो ग्रीक लोग भी भारत की सनातन आध्यात्मिकता में डूब गए, विलीन हो गए, जिसकी कहानी बड़ी लम्बी है। एक मिनेंडेर नाम का राजा था जो ग्रीक था। उस मिनेंडेर ने यहाँ के लोगों के साथ आध्यात्मिक शास्त्रार्थ किया। मिनेंडेर नाम का वह शासक मिलिन्द हो गया। अन्त में सुना जाता है कि वह काशाय वस्त्र पहनकर चीवर व भिक्षा पात्र के साथ भिक्षुक हो गया। यह बड़ा आश्चर्य है कि शक बाहर के ही थे। कुछ जातियाँ यहाँ आकर यहाँ की आध्यात्मिकता में विलीन हो गई थीं।

शक वैष्णव बन गए। आप विदिशा में जाइए। वहाँ एक बड़ा स्तम्भ खड़ा है ईसा पूर्व का। उस पर लिखा है मैं हेलियोडोरस वासुदेव की वंदना करता हूँ। हेलियोडोरस कौन है? वह ग्रीक है और यहाँ पर राजदूत है। उसका सारा का सारा परिवार यहाँ पर वैष्णव भागवत में दीक्षित हो गया। हम देखते हैं कनिष्क कुषाण था। बड़ा पराक्रमी बर्बर, क्रूर राजा था। उसकी मथुरा में म्यूजियम में मूर्ति रखी है। उसका सिर नहीं है लेकिन लम्बा धड़ रखा है। उसकी एक राजधानी पेशावर में, एक राजधानी मथुरा में बताई जाती है। बर्बर कनिष्क बौद्ध भिक्षुओं के साथ चर्चा करते-करते एक दिन बौद्ध हो गया। उसने सारी दुनिया के बौद्ध भिक्षुओं को बुलाकर के एक बहुत बड़ी संगीती कराई। और एक दिन यह कनिष्क बौद्ध भिक्षु बनकर

जंगल में चला गया। किसने किया यह परिवर्तन? हूण लोग आए थे। कुछ शैव हो गए, कुछ वैष्णव हो गए, कुछ बौद्ध हो गए। आसाम में आप देखेंगे कि थाईलैंड से थाई लोग आ गए। उन्होंने राज्य स्थापित किया। आसाम का राजा हार गया, और अहोम लोगों का शासन आसाम में हो गया। सारे के सारे अहोम भारत की आध्यामिक धारा में विलीन हो गए। वे वैष्णव भी हुए, शैव भी और बौद्ध भी। दुनिया में ऐसा उदाहरण नहीं मिलेगा।

पाश्चात्य जगत की परिभाषा से अगर हम देखें, नेशन पराजित हो गया। भारत की परिभाषा में हम देखें, भारत का राष्ट्र दर्शन जीत गया। भारत का आध्यात्मिक दर्शन था, वह जीत गया। रामधारी सिंह दिनकर लिखते हैं, 'वह खरल था, वह खरल हिन्दुत्व का था, इस हिन्दुत्व के खरल में सब मिल गए, जैसे घर की एक गृहणी कई मसालों को कूटकर एक मसाला बना देती है। हर मसाले का सुगन्ध व स्वाद रहता है, लेकिन उसका अलग अस्तित्व दिखता नहीं।' बाहर से आने वाली ऐसी बहुत जातियाँ हैं। मैंने पाँच जातियों का वर्णन यहाँ किया है। ऐसी जातियों की संख्या 19-20 है। कोई अलग से दिखता नहीं। ये जिसके द्वारा परिवर्तन हो रहा था, परखने वाली बात है। वह परिवर्तन भारत के अध्यात्म से ही सम्भव था। भारत का अध्यात्म सबको पचाने में सक्षम था। इसमें हिंसा नहीं थी, राजा तो हार गया, सेना तो हार गई, जीते हुए लोग भारत के अध्यात्म में कैसे डूब गए?

कम से कम उन लोगों में बौद्धिक शुचिता तो जरूर रही होगी। वे लोग विजेता होते हुए भी पराजित लोगों के साथ संवाद करते रहे। अश्वघोष ने किया या किसी और ने किया, वाद-संवाद से लोग भारत के इस दार्शनिक तत्त्व को स्वीकार करते रहे। अब एक अगला चरण भारत में प्रारम्भ होता है। वह चरण इस्लाम के आक्रमण के साथ आठवीं शताब्दी के बाद शुरू होता है। अधिकांश राजा लोग तो हार गए। कुछ छिट-पुट चार-पाँच राजाओं को छोड़ दीजिए, देश का बड़ा हिस्सा बाहर के आक्रमणकारियों के पास चला गया, इसमें कोई दो राय नहीं है। ये सारे संघर्ष चलते थे, देश में बड़े हिस्सों पर बाहर से आए इस्लामियों का शासन हो गया। राजाओं के हारने

के बाद क्या स्थिति बनी, यह बड़ी बात है। एक बार तो ऐसा लगता है कि नेशन हार गया लेकिन समाज का अध्यात्म नहीं हारा है। अध्यात्म जीवित रहा तो हारा हुआ समाज अपने को बचाने के लिए संकुचित होता है। अपने को सिकोड़ता है, तरह-तरह की वर्जनाएँ और बाधाएँ अपने ऊपर लगाता है। तरह-तरह के प्रतिबन्ध लगाता है। नई-नई परम्पराएँ ढूँढ़ता है। अपने को बचाना महत्त्वपूर्ण है। प्राण रक्षा अधिक महत्त्वपूर्ण है ही। परम्पराएँ बदल जाती हैं। अनेक प्रकार की कुरीतियाँ, ढोंग, पाखंड अनेक प्रकार की घटनाएँ हम 1000 वर्ष में देखते हैं। इस देश में बड़े-बड़े नाविक थे, दूसरे देश जाकर वे व्यापार करते थे, उस समय समुद्र यात्रा प्रतिबन्धित हो गई। महिलाएँ बड़ी विदुषी थीं—ऋग्वेद में महिलाओं की ऋचाएँ हैं। लेकिन महिलाओं को वेद पढ़ने पर प्रतिबन्ध लगा दिया गया। यज्ञोपवीत देश में सबका होता था। शूद्रों का भी यज्ञोपवीत होता था, स्वयं कई ऋषि शूद्र हैं। महीदास शूद्र हैं, रैक्व ऋषि हैं, कई ऋषियों की ऋचाएँ शूद्रों द्वारा लिखी गई हैं। लड़कियाँ-महिलाएँ भी वेद ऋचाएँ लिखती थीं।

सावित्री ने ऋग्वेद के अन्दर विवाह का जो सूक्त दिया है उससे विवाह आज तक होता है। सावित्री के अलावा इन्द्राणी हैं, वैवश्वती हैं, घोषा हैं, अपाला हैं, यमी हैं, शाश्वती हैं—24 महिलाएँ हैं, बौद्धिक ऋषिकाएँ हैं। महिलाएँ वेद नहीं पढ़ सकती थीं, ये प्रतिबन्ध लगाया गया था। बाद में ऐसी बहुत-सी बातें आईं। विवाह ऋग्वेद के समय रात्रि में होते थे, फिर विवाह दिन में होने लगे। महिलाएँ पर्दे में नहीं थीं, महिलाएँ पर्दे में आ गईं। इस देश में अस्पृश्यता नाम की कोई चीज नहीं थी, अस्पृश्यता भी आ गई। बुद्ध के समय को भी हम देखते हैं, छोटा-बड़ा है पर अस्पृश्यता नहीं है। छूने से पाप लगता है या छूने से पॉल्यूशन होता है, ऐसा कुछ इस देश में नहीं था। बुद्ध की लड़ाई छोटे और बड़े के विषय पर है। यह छोटी जाति का है—इसे छूना पाप है, यह बुद्ध के समय नहीं था।

आप देखिए न, अजंता की गुफाओं में महिलाएँ बैठी हैं, पत्थर की शिलाओं में बुद्ध की माँ भी बैठी थीं। ऐसी अनेक प्रकार की कुरीतियाँ कहिए

या विकृतियाँ कहिए, वर्जनाएँ कहिए—समाज में आ गईं। समाज सिकुड़ता चला गया, और ऐसी परिस्थितियाँ आती चली गईं।

बन्धुओ उस समय फिर एक नया संघर्ष शुरू होता है ज्यो-ज्यों विकृतियाँ आती हैं। राजा तो हार गया, सेना तो हार गई। उस समय संघर्ष की कमान कौन सँभालता है? उस समय की कमान अध्यात्म सँभालता है। रामानुजाचार्य दक्षिण में खड़ा होता है, मन्दिर की व्यवस्था में सब लोग भाग लेंगे। रामानन्द प्रयाग में खड़ा होता है, सब लोग आध्यात्मिक साधना के लिए आगे आएँगे। नानक खड़े होते हैं, संगत और पंगत एक साथ लगेगी। ऐसा परिवर्तन देश में आता है। आध्यात्मिक लोगों के हाथ में प्रतिनिधित्व आ जाता है। भारत में ऐसा कोई प्रान्त नहीं है, जहाँ आध्यात्मिक शक्तियाँ न खड़ी हुई हों। कोई बिरादरी ऐसी नहीं जहाँ पर सन्त-भक्त, आध्यात्मिक लोग न खड़े हुए हों। और हर बिरादरी से, हर प्रान्त से महिलाएँ भी हैं, जो आगे बढ़कर आईं। समाज का संरक्षण इस समय राजा नहीं कर सकते थे। राजा के हाथ में कुछ नहीं था। राजा पराधीन थे, और दरबार में जाकर या तो नतमस्तक थे, या दूर कहीं छोटा-मोटा संघर्ष शुरू करते थे। सारे समाज का केन्द्र-बिन्दु अध्यात्म ही था।

अध्यात्म भिन्न-भिन्न रूप लेता है, सिख परम्परा गुरु परम्परा में चलती है, और चलते चलते गुरु गोविन्द सिंह पर आती है। गुरु गोविन्द सिंह एक नई दीक्षा देते हैं। एक नया संस्कार देते हैं। सारी छुआछूत को खत्म करते हैं, ऊँच-नीच को खत्म कर देते हैं। एक नया धर्म प्रकट होता है। यहाँ सब सिंह हैं, कोई जाति नहीं, सब शस्त्र ले सकते हैं और शस्त्र लेने की जो मनाही थी वह हट गई। सब घोड़े पर बैठ सकते हैं, घोड़े पर बैठने की मनाही चली गई। सब पगड़ी बाँध सकते हैं, पगड़ी बाँधने में जो मनाही थी वह चली गई। सब एक साथ भोजन कर सकते हैं, एक साथ बैठकर संगत शुरू हो गई। इस देश के अध्यात्म ने एक नई करवट ली, इस देश के अध्यात्म ने एक नई दिशा दी। रामानन्द ने कबीर को रैदास को शिष्य बनाया एक दीक्षा दी। और तुलसी ने जब हिन्दी में राम का चरित्र लिखा तो

लोगों ने उनको ख्याति कम नहीं दी। यह एक परिवर्तन था लेकिन इस देश में उस समय की चुनौती था, अब परिवार का संस्कार कैसे बचेगा? यह समाज कैसे बचेगा? इस समाज को कोई मंच मिलेगा कि नहीं?

तब आध्यात्मिक शक्तियाँ बन्धुओ, इस देश में खड़ी हुईं। केरल, तमिलनाडु से लेकर दूर आसाम तक, कश्मीर से लेकर पंजाब तक, उत्तर प्रदेश तक। हम हजारों सन्तों यथा आध्यात्मिक पुरुषों और महिलाओं को देखते हैं कि वे खड़े हैं। एक बड़ा भारी जागरण का काल है यह। ये सन्त लोग जो खड़े हुए हैं, ये कुरीतियों के खिलाफ लड़ते हैं, बुराइयों के खिलाफ लड़ते हैं। इनका संघर्ष निर्वैर है, इनका शत्रु कोई नहीं है। इनका शत्रु केवल वह बुराई है, जिसके खिलाफ वे लड़ते हैं। और आप देखिए, सत्रहवीं शताब्दी से लेकर 12वीं शताब्दी तक का जो संघर्ष है, आध्यात्मिक है। दुर्भाग्य से भारत के जो उस समय के लेखक थे, उन्होंने इस कालखंड को दबाकर रखने की कोशिश की। हमारे रामविलास शर्मा जी बड़े अच्छे साहित्यकार हो गए हैं। हम लोग जानते हैं कि उन्होंने अपनी पुस्तकों में इसका उल्लेख किया है। वे लिखते हैं कि 12वीं शताब्दी से लेकर 18वीं शताब्दी का जो आन्दोलन था, उसका केन्द्र-बिन्दु और स्थल अध्यात्म था, विलक्षण शक्ति थी। हर जाति व वर्ग एक मंच पर खड़ा है, उत्तर-दक्षिण, पूर्व-पश्चिम सब एक साथ मिलकर खड़े हैं। वे लिखते हैं कि इस आध्यात्मिक आन्दोलन में बड़ी क्षमता थी, सारे देश को एक बनाए रखने की। वे आगे लिखते हैं कि इस देश की आध्यात्मिक शक्तियों में बड़ी क्षमता थी, इस देश की बुराइयों को दूर रखने की। यह आन्दोलन आज फिर दिख सकता है, फिर सफल हो सकता है, बशर्ते कुछ लोग सगुणिया, निर्गुणिया सन्तों में झगड़ा न करा दें। उत्तर भारत, दक्षिण भारत में झगड़ा न करा दें।

कुछ लोग हिन्दी व अहिन्दी भाषी का झगड़ा न खड़ा कर दें, इनसे बचने की जरूरत है। रामविलास शर्मा जी ने इसको लिखा है। सवाल यह है कि इस देश की शक्ति रहती कहाँ है? इस देश का मर्मस्थल कहाँ है?

जब देश संकट में होता है, संघर्ष करता कौन है? अध्यात्म संघर्ष करता है। हम एक चौथा चरण देखते हैं, जब अंग्रेज आ गए। अंग्रेज आ गए तो संघर्ष करता कौन है? मित्रो बहुत स्पष्ट बात है। एक अध्यात्म फिर संघर्ष करने के लिए आगे खड़ा होता है। वन्देमातरम जो लिखा गया, उसका मूल आधार अध्यात्म है। नौजवान फांसी पर चढ़ जाता है, खुदीराम बोस किसी को मारने चला जाता है। उसके मन में कोई सत्तापरस्त आकांक्षा नहीं है। क्या आयु है खुदीराम बोस की या प्रफुल्ल चाकी की? कोई आयु नहीं है, 17-18 साल के लड़के थे। वन्देमातरम करते हुए आगे बढ़ जाते हैं। वन्देमातरम कोई स्लोगन नहीं है, वन्देमातरम कोई कविता पाठ नहीं है, यह आध्यात्मिक जागृति का सीधा-साधा एक शब्द है। उनको लगता है कि मैं गीता हाथ में रखकर आगे बढ़ता हूँ। फिर जन गण मन उस फांसी लगाने वाले को बोलता है कि मेरी गीता कहती है कि मैं फिर से जन्म लेकर आने वाला हूँ। लोकमान्य तिलक का आधार गीता है। महात्मा गांधी का आधार रामधुन और गीता है। एक तरफ से हम देखें तो ध्यान में आएगा कि वे स्वतंत्रता आन्दोलन को नेतृत्व दे रहे हैं।

हम दयानन्द सरस्वती को देखते हैं। वे आजादी की लड़ाई के लिए आह्वान भी करते हैं, और कर्मकांड को दूर करके एक शाश्वत वैदिक दर्शन को सामने लाते हैं। वे लोगों के मुख से यज्ञों के शाश्वत मंत्रों का उच्चारण कराते हैं। भेदभाव को मिटाते हैं, शाश्वत दर्शन को लाते हैं। राममोहन राय क्या करते हैं? महात्मा फुले क्या करते हैं? विकृतियाँ जानी चाहिए, भेदभाव दूर होना चाहिए, अध्यात्म का दर्शन, मौलिक आधार बनाए रखना चाहिए। डॉ. आंबेडकर जी को हम देखते हैं। आंबेडकर जी कहते हैं कि लिबर्टी, फ्रेटरनिटी और इक्वलिटी—ये तीन शब्द जो हैं, मैंने फ्रेंच रिवॉल्यूशन से नहीं लिए। ये मैंने लिये हैं महात्मा बुद्ध से। वे कहते हैं कि मेरे सारे संघर्ष का आधार न्याय व धर्म है। इस लड़ाई में अगर धर्म चला जाएगा तो स्वार्थी और महत्त्वाकांक्षी लोगों में यह बदल जाएगा। आंबेडकर जी ने क्लास स्ट्रगल को होने नहीं दिया। उन्होंने कहा कि मेरा एक ही वर्ग है कि बुराइयाँ दूर

होनी चाहिए, कुरीतियाँ जानी चाहिए, भेदभाव समाप्त होना चाहिए, विभिन्न प्रकार की ऊँच-नीच समाप्त होनी चाहिए। डॉ. आंबेडकर किसी वर्ग के विरोध में नहीं हैं। वे अपने अध्यापक जो ब्राह्मण हैं, उनकी कितनी बार प्रशंसा करते हैं। वे कहते हैं—उन्होंने बुद्ध की एक पुस्तक दी थी। उन्होंने मुझे फेलोशिप दिलाई। विदेश में जब मुझे लगा संकट है, तब विष्णु अर्जुन केलेरकर मेरे बगल में खड़े दिखते थे। अन्त के दिनों में उन्होंने सिद्धार्थ महाविद्यालय का प्रधानाचार्य अपने एक ब्राह्मण सहपाठी को आचार्य गजेन्द्र गडकर को बनाया। इस पर आंबेडकर के मित्रों ने कहा कि 'आंबेडकर जी, आपने एक ब्राह्मण को प्रधानाचार्य बना दिया?' आंबेडकर जी ने कहा, 'नहीं ऐसा मत कहो, मैंने योग्य व्यक्ति को प्रिंसिपल बनाया है।' अर्थात किसी जाति से, किसी वर्ग से, किसी क्लास से उनका संघर्ष नहीं है। स्ट्रगल को इस देश में देने का काम डाक्टर साहब ने नहीं किया। दरअसल देश में क्लास स्ट्रगल का वातावरण ही नहीं है। इस देश का सनातन मत यह कहता है विभिन्न लोगों का मन परिवर्तन करो। इस प्रकार से परिवर्तन करके एक अच्छा सुन्दर समाज हम कैसे खड़ा कर सकते हैं। अर्थात जब देश पराधीन था तब और पराधीनता के बाद भी किस तरह से देश ने समय-समय पर लड़ाई लड़ी। देश ने एक नेतृत्व दिया।

लेकिन समस्या का समाधान करना कैसे है, यह मूल प्रश्न है। जब विनोबा जी को लगा इतना बड़ा समाज भूमिहीन है, उसके पास जमीन नहीं है तो विनोबा जी गीता के दर्शन को, शाश्वत दर्शन को और भगवान बुद्ध के दर्शन को लेकर निकले। वे किसी भी गाँव में जाते थे और कहते थे, 'अरे जमींदार साहब कितनी जमीन है?' 'हमारी पाँच सौ एकड़ जमीन है।' 'पुत्र कितने हैं?' 'मेरे तीन बेटे हैं।' 'ठीक है, चौथा बेटा होता तो? आप मुझको अपना बेटा मान लीजिए और चौथे पुत्र का हिस्सा मुझको दे दीजिए।' आपको आश्चर्य होगा, ऐसा करके दो करोड़ एकड़ जमीन बाबा माँग लाए थे। उनका आधार संघर्ष या हिंसा नहीं थी। तब आधार क्या था? आधार था तब इस देश में परस्पर समन्वय के साथ भेदभाव को दूर करना, समन्वय के

साथ देश में किसी भी समस्या का समाधान करना।

एक बार गांधी जी को लगा कि देश का दौरा करते-करते मैं इतने कपड़े पहनकर बैठा हूँ। वे एक नदी के किनारे बैठे थे। हम लोगों ने जिन्होंने सिनेमा देखा है गांधी वाला, उसमें हम देखते हैं कि गांधी जी एक नदी के किनारे बैठे हैं, बड़ी पगड़ी बाँध करके जैसे गुजराती लोग पहनते हैं और सामने नदी के उस पार एक बहुत गरीब महिला बैठी है, उसके शरीर पर मुश्किल से एक कपड़ा है। शरीर भी बहुत कमजोर है। गांधी जी ध्यान से उस महिला को देखते हैं। देखते रहते हैं तो उनमें अध्यात्म जाग जाता है। यह मेरे ही देश की महिला है, इतना कम वस्त्र है, शायद खाने को भी बहुत कम मिलता होगा, इससे शरीर भी कितना दुर्बल हो गया है। मैंने तो यह सिनेमा 30-35 वर्ष पहले देखा था। गांधी जी ने अपनी पगड़ी उतारी और नदी के अन्दर बहा दी, एक-एक करके कपड़े कम कर दिए। शरीर से वस्त्र कम होना केवल वस्त्र कम होना नहीं था, वह तो गांधी जी का उस दुर्बल व गरीब महिला के साथ समन्वय-बोध था। गांधी जी ने जीवन का व्रत ले लिया, कम से कम भोजन करना, जितना गरीब से गरीब व्यक्ति इस देश में भोजन करता है उतना ही करना बस, गरीब से गरीब व्यक्ति जितना वस्त्र पहनता है, उतना ही वस्त्र पहनता। और ऐसे प्रसंग भी आए जब गांधी जी गोलमेज सम्मेलन में गए। वहाँ के लोगों ने कहा कि कृपया ठीक से कपड़े पहन कर आइए। गांधी जी ने मना कर दिया।

गांधी जी ने कहा, 'नहीं, मेरे देश का सामान्य नागरिक इतने ही कम वस्त्र पहनता है। अगर आप को लगता है कि मेरा आपकी इस मीटिंग में सम्मिलित होना जरूरी नहीं है, आप का अपमान होता है तो मैं भारत वापस जा सकता हूँ।' यह आत्मबोध है, अध्यात्म है, जो बड़े से बड़े को व्यक्ति के जीवन में और इस बड़े समाज में परिवर्तन लाता है। नेतृत्व तो बुद्ध, महावीर, गांधी जैसे लोग करते हैं। समाज बदल जाता है। समाज को ध्यान में आता है ये जो वर्ग है दुख में है, कष्ट में है, पीड़ित है। ये संवेदनाएँ व्यक्ति को बदल देती हैं। और गांधी जी का दर्शन देखिए।

गांधी जी ने घनश्याम दास जी बिड़ला के पुत्र पीताम्बर दास बिड़ला को पत्र लिखा था। उसको कभी गूगल से डाउनलोड कर देखिए। पीताम्बर दास अभी जिन्दा हैं। उन्होंने लिखा कि 'ये सम्पत्ति हम लोग तुम्हारे पास छोड़कर जा रहे हैं। यह सम्पत्ति तुम्हारी नहीं है। ध्यान में रखना, यह समाज की है। बड़ी कठिनाई से इसे हम लोगों ने, तुम्हारे पूर्वजों ने अर्जित किया है। इसका उपयोग बहुत सीमित मात्रा में करना, औषधि के रूप में लेना, बाकी सम्पत्ति समाज के उपयोग में देते जाना। यह सम्पत्ति तुम्हारी नहीं है, परमात्मा की है।' गांधी जी का अध्यात्म बोध उनके शिष्यों में भी आया। चाहे टाटा हों या बिड़ला उन्होंने कितना पालन किया वह अलग बात है।

इस देश का जो गहरा भाव है वह अध्यात्म है, इस देश की जो आत्मा है वो अध्यात्म है। अध्यात्म कोई कर्मकांड नहीं है। अध्यात्म एक अलग चीज है। जितने भी कर्मकांड दिखते हैं, उनके अन्दर अध्यात्म होना चाहिए। अगर अध्यात्म लुप्त हो गया तो कर्मकांड बेकार है। प्रयाग में करोड़ों लोग मेले में आते हैं, कुम्भ में आते हैं, माघ में आते हैं। यहाँ अध्यात्म नहीं है, अध्यात्म उनके मन में है इसलिए वे वहाँ आते हैं। वे उस अध्यात्म को बनाए रखने के लिए आते हैं। अध्यात्म मेले में नहीं होता है, अध्यात्म मूर्ति में नहीं होता है, अध्यात्म व्यक्ति के मन में होता है, मूर्ति साधक बनती है। उस मूर्ति के माध्यम से व्यक्ति अध्यात्म को जागृत करता है। वह किसी तीर्थ में है, तीर्थ यात्रा में है, मूर्ति है, मूर्ति का मन्दिर है, पूजा है, आरती है। लेकिन उसमें अध्यात्म नहीं होता। अध्यात्म होता है उस व्यक्ति के हृदय में। यह साधन है। उस साधन से जब व्यक्ति एकात्मबोध प्राप्त करता रहता है तो मूर्ति का माध्यम होगा, तीर्थ का माध्यम होगा। गंगा, तीर्थों की परिक्रमा, प्रवचन, आरती—यह सब क्या है? सब कर्मकांड हैं। इनके द्वारा अध्यात्म विकसित करने की कोशिश इस देश में की जाती है।

मैंने बंगाल में एक दिन देखा कि मूर्ति का विसर्जन करने के लिए सैकड़ों महिलाएँ जा रही हैं। दुर्गा का विसर्जन था। मैं सड़क के किनारे देख रहा हूँ कि 100-200 महिलाएँ जा रही हैं। वे कीर्तन करती जा रही हैं, उनके

हाथ में आरती है, उसमें उन्होंने कुछ समिधा डाल रखी है। मैंने ध्यान से देखा अधिकांश महिलाएँ रो रही हैं। आँख से आँसू बहते हैं, और महिलाएँ कहती हैं कि माँ फिर आना। जल्दी आना। ये मूर्ति तो मिट्टी की है थोड़ी देर में जल में चली जाएगी। ये मूर्ति माध्यम बनती है, इस बात का कि इस सारे जगत में जितने जीव हैं, सब के अन्दर इस मूर्ति की भावना बनी रहेगी। मूर्ति माध्यम बनती है, अध्यात्म भावना में जाने का। मूर्ति में भगवान है कि नहीं यह छोड़ दीजिए, ये कर्मकांड अध्यात्म भाव को जगाने का प्रयत्न करता है। हजारों सत्य हैं, कर्मकांड में कुछ नहीं है, उसके पीछे की भावना जो है, वह प्रमुख है। उदाहरण के लिए आप धान का एक बीज लीजिए। धान के बीज के ऊपर एक छिलका होता है। छिलके का कोई अर्थ है? कोई अर्थ नहीं है। छिलका काम का है? काम का नहीं है, भूसी है। वह निकल जाता है। काम का चावल है, चावल उपयोग में आता है। छिलका फेंक दिया और चावल जमीन में डाल दिया, क्या वह उपजेगा नहीं? उपजेगा। यह छिलका उस मौलिक बीज को सुरक्षित रखता है। हम मान सकते हैं यह छिलका कर्मकांड की तरह का है। उस छिलके का उपयोग वैसा ही है जैसा कर्मकांड का है, कर्मकांड के अन्दर जो बीज है, वह अध्यात्म है।

हम कहीं पर देखते हैं कि एक अच्छा विद्यालय खड़ा होता है। उस विद्यालय के प्रधानाचार्य कहते हैं कि भाई साहब हमें इस विद्यालय में कोई फीस लेनी ही नहीं क्योंकि बच्चे बहुत गरीब हैं। हम कभी कोई अस्पताल ऐसा देखते हैं जिसमें कर्मचारी कहते हैं भाई साहब अस्पताल में कोई फीस नहीं, पर्चा भी नहीं बनता है। मैं गया था कर्नाटक के एक स्थान पर। वहाँ पर मेडिकल कॉलेज में कोई फीस नहीं थी। इसे चलाने वाले एक आध्यात्मिक व्यक्ति थे, और उस अस्पताल में वर्ल्ड क्लास सर्जरी होती है कोई फीस नहीं। दो रुपए का कार्ड भी नहीं बनता है। दुनिया भर से लोग वहाँ ऑपरेशन कराने आते हैं क्योंकि उसको चलाने वाला आदमी एक आध्यात्मिक आदमी है। उसके मन में वेदना होती है, इतने गरीब लोग हैं कैसे सर्जरी कराएँगे? उसने चिन्ता की। बाहर से पैसा लेकर एक बड़ा अस्पताल, एक बड़ा विद्यालय,

एक बड़ा अनाथालय, आश्रम बनाने की कोशिश की। हमारा मानना है कि इस देश में अध्यात्म का भाव अच्छे से आ जाए तो क्या व्यापारी ग्राहक का शोषण करेगा? क्या इंडस्ट्री मजदूर का शोषण करेगी? पड़ोसी, पड़ोसी की चिन्ता नहीं करेगा क्या? क्या अध्यापक उसी विद्यार्थी का ट्यूशन करेगा जो उसी विद्यालय में उससे पढ़ता है? अध्यात्म का भाव आता है तो राजा प्रजा को अपने पुत्र की तरह देखता है। संकट के निवारण के लिए प्रयत्न करता है। अध्यात्म इस देश की अन्तरात्मा है। इस देश की सारी समस्याओं का समाधान अध्यात्म से मिल सकता है। मेरा विश्वास है अध्यात्म को ध्यान में रखकर हम लोग देखें तो इस देश की आत्मा का संरक्षण भी हो, सारी समस्याओं का समाधान भी हो।

हमारा देश संघर्षों में रहा था, यह बात ठीक है। संघर्षों में बहुत कुछ खोया हम लोगों ने। बहुत कुछ ऐसा आ गया है जो निरर्थक है, अर्थहीन है, जिसका कोई मूल्य नहीं है, आज वह उपयोग में नहीं है। आवश्यकता इस बात की है कि नीर-क्षीर विवेक करके जो उपयोगी है उसको रखना, जो निरर्थक है उसको बाहर निकाल कर फेंकना। जो अनावश्यक है, अर्थहीन है, भेदभावपूर्ण है, उसको निकाल बाहर करना। वर्तमान में जो सोशल जस्टिस है, अभी यही है। नौजवान लोग इस बात को ध्यान में रखें कि उनके निकट होने वाला कोई भी अत्याचार किसी और का भेदभाव उनको सहन नहीं करना, दूर करने के लिए प्रयत्न करना है। मैंने इसलिए आप के सामने कई हजार वर्षों का एक छोटा इतिहास सामने रखा है। भिन्न-भिन्न परिस्थितियों में देश कैसा व्यवहार करता है, पाश्चात्य जगत के नेशन की तरह यह विकसित हुआ, यह राष्ट्र दर्शन नहीं है। इसका अलग स्वभाव व प्रकृति है, और उस स्वभाव व प्रकृति में यह समाधान खोजता है। अर्थात इसका समाधान सामान्यतया अहिंसक ही होता है, इसका समाधान सर्वजन समानवादी होता है। इसकी प्रज्ञा सर्वजन समन्वय की प्रज्ञा है। हम लोग इस मौलिक दर्शन को ध्यान में रखेंगे सारा विश्व इसकी प्रतीक्षा कर रहा है। एक बात कर मैं अपनी बात को समाप्त कर देता हूँ—

हमारी चुनौतियाँ

पिछली शताब्दी विज्ञान की थी, पूरी शताब्दी पाश्चात्य जगत के एक नियंत्रण की थी, पाश्चात्य जगत उसमें सबसे ऊपर था। इस शताब्दी में बहुत बड़े-बड़े आविष्कार हुए। लेकिन क्या वे लोग अब दुनिया को आगे लेकर जा सकते हैं? बिलकुल नहीं। अर्नाल्ड टॉयनबी कहता है कि आवश्यकता भी विनाश की ओर बढ़ रही है, पर धरती पर कोई एकमात्र समाधान ढूँढ़ सकता है तो भारत ही ढूँढ़ सकता है। अच्छा हो जितनी जल्दी भारत की शरण में हम चले जाएँ। उतनी जल्दी हम लोग थोड़ा सुरक्षित हो सकेंगे। अर्नाल्ड टॉयनबी कहता है साइंस प्लूटोनियम का शोधन कर सकता है लेकिन क्या साइंस मन के दृश्य का शोधन कर सकता है? क्या विज्ञान हृदय के उदात्त भावों को जगा सकता है? आइंस्टीन कहता है क्यों नहीं जगा सकता है, अध्यात्म ही जगा सकता है। बन्धुओ उस अध्यात्म का मूल स्रोत भारत ही है। मेरी आप सब से प्रार्थना है मैंने आप के सामने जो बातें रखी हैं उन पर आप विचार करें। मैंने इन्हें आपके सामने रखा इसलिए कि आप स्वयं विचार करें। उपयोगी लगता है तो आप अपनी बुद्धि-विवेक से स्वयं निर्णय करें। आपने मुझे धैर्य से सुना, इसके लिए बहुत-बहुत आभार। मेरा प्रणाम स्वीकार करें।

दिनांक 24.08.2018
संस्थान ऑडिटोरियम

धारा के विरुद्ध
स्त्री, हिन्दी प्रिंट संस्कृति और अभिलेखागार

डॉ. चारु गुप्ता

औरतों ने धारा के विरुद्ध, सीमाओं से परे, और कई बन्धनों के बावजूद अपने अस्तित्व को बनाया और सँवारा है, और संघर्ष का एक पुरजोर रास्ता तैयार किया है। एक इतिहासकार के रूप में मैं लगातार इस सवाल से जूझती हूँ कि अपने अभिलेखागारों और इतिहास में, जहाँ काफी हद तक स्त्री, विशेषकर उसकी यौनिकता से जुड़े सवालों पर, एक तरह की चुप्पी नजर आती है, हम कैसे ढूँढ़ें औरतों का नजरिया? कैसे खोजें हम उन बिगुली, धारा से अलग, दबे-छिपे इतिहासों को जिसके लिए इतिहास के संकुचित दायरे से निकलने की जरूरत है? औरतों के नजरिए और ऐतिहासिक पहचान के लिए जरूरी है अभिलेखागार के स्त्रोतों का विस्तार और विकेंद्रीकरण, उन चीजों को ऐतिहासिक शोध में शामिल करना जो अभी तक नजरंदाज या नजर से पार रही हैं। इतिहास विषय के अनुशासनिक ढांचे में प्रमाण और उसकी वैधानिकता वैध रिकार्डों के जरिये बेहद बुनियादी रही है। पर कई लेखकों, विचारकों, इतिहासकारों, विशेषकर नारीवादी इतिहासकारों ने पुरजोर कोशिश की है कि साहित्यिक झलकियाँ, यादगार, कथा-कहानी,

और व्यक्तिगत भावनाओं के प्रतिनिधिकरण को भी वैध/विश्वसनीय इतिहास माना जाए।[1] जैसा कि स्वाभाविक है, इससे इतिहास को समझने-परखने के लिए समस्याओं की पोटली खुल गई है, क्योंकि यह प्रचलित, प्रभुत्वशाली इतिहास लेखन विधा को बदलता है, और हमारे अभिलेखागारी स्रोतों की तथाकथित शुद्धि को अशुद्ध करता है।

हिन्दी में या किसी भी देशी भाषा में नारीवादी नजरिए से इतिहास लेखन कैसे किया जाए? स्रोतों, सन्दर्भों, पर्चों, कार्टूनों आदि को इतिहास लेखन के मापदंडों पर कैसे उतारा जाए? या कि इन मापदंडों को भाषायी लेखन की कसौटी पर भी कुछ कसा जाए? हिन्दी में स्त्री विषयक इतिहास लेखन और विमर्शी लेखन की भाषा, शब्दावली, मुहावरे कैसे और कहाँ से खोजे जाएँ? यह इतिहास लेखन किसके लिए किया जाए और इसके विमर्श और विस्तार, सन्दर्भ और सूची की क्या सीमाएँ बनाई जाएँ? स्त्रीमूलक इतिहास में भाषा और भाषा में इतिहास के ताने-बाने बुनना हमारे लिए एक संजीदा चुनौती है।

हाल तक लिंग, संस्कृति, साहित्य और यौनिकता के सवाल इतिहास लेखन के हाशिए पर थे। लेकिन अपने विभिन्न शोधों में मैंने पाया है कि किस प्रकार आधुनिक औपनिवेशिक काल के उत्तर भारत में औरतों

1. Jacques Derrida, Archive Fever: A Freudian Impression, trans. Eric Prenowitz, Chicago, 1995; Michel Foucault, The Order of Things: An Archaeology of the Human Sciences, New York, 1973; Helen Freshwater, 'The Allure of the Archive', Poetics Today, 24, 4, Winter 2003 : 729-56; Anjali Arondekar, 'Without a Trace: Sexuality and the Colonial Archive', Journal of the History of Sexuality 14 (1-2), 2005 : 10-27; Ann Cvetkovich, An Achive of Feelings: Trauma, Sexuality, and Lesbian Public Cultures, Durham, 2003; Saloni Mathur, 'History and Anthropology in South Asia: Rethinking the Archive', Annual Review of Anthropology 29, 2000 : 89-106; Antoinette Burton, Dwelling in the Archive: Women Writing House, Home, and History in Late Colonial India, New York, 2003; Neloufer de Mel, Militarizing Sri Lanka: Popular Culture, Memory and Narrative in the Armed Conflict, New Delhi, 2007 : 246-95.

की ऐतिहासिक पहचान खोजने के लिए भाषाई स्रोत, लोकप्रिय हिन्दी साहित्य, हिन्दी में प्रकाशित कार्टूनों आदि का विशेष महत्त्व है, जो औरतों की रोजमर्रा की जिन्दगी, उपदेशात्मक संहिताओं, लोकप्रिय पठन-पाठन की आदतों, धार्मिक-जातीय पहचान आदि के इर्द-गिर्द रचे गए। हिन्दी स्रोतों, साहित्य और कार्टूनों ने मुझे यह समझने में मदद की कि किस प्रकार बीसवीं शताब्दी के उत्तरार्ध में अश्लीलता, यौनिकता, दूसरे के बारे में सरोकार और हिन्दू पहचान का एक गठबन्धन था, और कैसे सेक्स की वर्जित गतिविधियों में वृद्धि साम्प्रदायिक लामबंदी के साथ गोते खा रही थी।

अन्य स्रोतों के अभाव में जन, लोकप्रिय और हिन्दी प्रिंट-सामग्री और अधिक महत्त्वपूर्ण हो जाती है। खासकर औरतों के इतिहास के बरक्स इस प्रकार के स्रोतों की भूमिका और मजबूत हो जाती है। लोकप्रिय साहित्य ने कई प्रकार से औरतों की अनसुनी और दबी आवाजों को उभारा है। इसने इतिहासकारों को एक रास्ता दिया है कि कैसे औरतों की मुखर शान्ति को पहचाना जाए और उनको स्वर दिया जाए। लेकिन साथ ही हमारे बीच लोकप्रिय संस्कृति और साहित्य को पूर्ण रूप से स्वस्थ और प्रगतिशील मानने की प्रवृत्ति मौजूद है। दूसरी तरफ़ कुछ विचारक इसे प्रतिक्रियावादी और दक्षिणपंथी पुरुषों को अपनी पौरुषता को पुष्ट करने में मदद देने वाली घुसपैठ भी मानते हैं। या तो 'सब कुछ या कुछ भी नहीं' किस्म का पठन-पाठन अन्तर्विरोधी अर्थों का निषेध करता है। लोकप्रिय संस्कृति और साहित्य अपने आप में न तो पूरी तरह प्रतिक्रियावादी होता है और न पूरी तरह मुक्तिवादी। वह सीधे-सीधे कुछ खास मूल्यों को प्रतिबिंबित या निर्मित नहीं करता। मगर, कुछ विशेष ऐतिहासिक क्षणों में, पितृसत्ता और पुरुष वर्चस्व के अन्तर्गत होते हुए भी वह नाना प्रकार की व्याख्याओं को जन्म दे सकता है। उदाहरण के लिए, औपनिवेशिक उत्तर भारत में लोकप्रिय कामोत्तेजक साहित्य ने कई अवसरों पर विरोधाभासी असर दिखाया, और परम्परागत मूल्यों के पुनर्गठन और अवैधीकरण दोनों में अलग-अलग रूप से मदद दी।

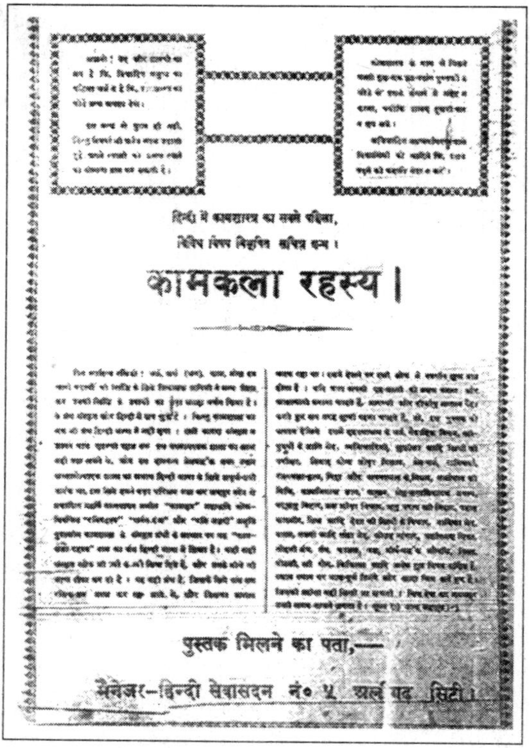

यौन सम्बन्धी पुस्तक का विज्ञापन
स्रोत : वर्तमान, 18 मार्च 1925 : 8

अभिलेखागार, हिन्दी प्रिंट संस्कृति और औरतों से जुड़े कुछ बिन्दुओं की ओर मैं कुछ उदाहरणों द्वारा इशारा करना चाहती हूँ। औरतों की पहचान दर्ज करने के लिए हमें लगातार यह सवाल रखना होगा कि क्या एक तथाकथित खाली और चुप अभिलेखागार भी भरा और बोलता हुआ हो सकता है? अभिलेखागार स्रोतों के मौन और अनदेखी के बीच साहित्य की क्या भूमिका हो सकती है और उससे औरतों का नजरिया कैसे सामने आ सकता है? पुरुष प्रधान कोलाहल में महिलाओं की कलकल को कैसे देखा

और सुना जा सकता है? जैसा कि मैंने कहा है, स्त्रीवादी इतिहासकारों ने नई आँखों से पुराने सन्दर्भों की व्याख्या की है। मैं यहाँ कुछ उदाहरणों द्वारा पहले ये दिखाने की कोशिश करूँगी कि कैसे हिन्दी प्रिंट संस्कृति ने औपनिवेशिक उत्तर भारत में स्त्री की देह पर नियंत्रण स्थापित करने का प्रयास किया, और फिर कैसे उन्हीं के बीच हम एक स्त्रीवादी नजरिया ढूँढ़ सकते हैं।

पहरे पर महिला गीत

मेरा पहला उदाहरण है हिन्दी प्रिंट संस्कृति द्वारा महिलाओं के मनोरंजन और सांस्कृतिक क्षेत्रों को नियंत्रित करने के प्रयास, जिसकी मैं विशेष तौर पर महिला गीतों पर पहरेदारी के उदाहरण से चर्चा करूंगी। गारी या गाली के रूप में मशहूर मजाकिया विवाह-गीत खास तौर पर लोकप्रिय थे, और आज भी एक अलग रूप में ये जिन्दा हैं। वे मुख्यत: दुल्हन वालों की ओर से दूल्हे और उसके परिवार को सम्बोधित कर गाये जाते थे। इनमें से कुछ गीत पति, सास और परिवार के रिश्तेदारों की हँसी उड़ाते थे और कई बार वे उत्तेजक और यौनिकता से भरे होते थे। उदाहरण के लिए कई बार इन गीतों में भाभी की तरफ से देवर को अपने बिस्तर पर आकर सोने के लिए लुभाया जाता था। नवविवाहित लड़कियों को ससुराल में हुकुम चलाने की सलाह दी जाती थी ताकि सास और ननद उनके कब्जे में रहें और जेठ पानी भर लाएँ। दूल्हे के परिवार को गाली दी जाती थी, और दूल्हे की माँ की हँसी उड़ाई जाती थी।[1] खासकर उन्नीसवीं सदी के उत्तरार्ध से महिलाओं के इस तरह के मनोरंजन ने हिन्दी प्रिंट संस्कृति का ध्यान खींचा। महिला यौनिकता की किसी भी अभिव्यक्ति को नई राष्ट्रवादी व्यवस्था के लिए हानिकारक माना गया। शादी में गाई जाने वाली गालियों को विशेष तौर पर उच्च जाति और मध्यवर्ग की हिन्दू महिलाओं को भ्रष्ट करने, तथा असभ्य एवं अयोग्य बनाने के बतौर देखा गया। इसलिए हिन्दी प्रिंट संस्कृति ने इन गीतों को बुरा और

1. गाली संग्रह, लखनऊ, 1917

गंदा और इनको गाने वाली महिलाओं को फूहड़ और असभ्य करार दिया। ये आपत्तियाँ बीसवीं सदी के आरम्भ में रचित हिन्दी साहित्य में और तीव्र गति से उभरीं। तर्क दिया गया कि गालियाँ न केवल अश्लील होती हैं, बल्कि वे समुदाय का अपमान करती हैं क्योंकि वे पारिवारिक रिश्तों को बिगाड़ती हैं और यौनेच्छाओं को बढ़ावा देती हैं। हिन्दी के महान लेखक मैथिलीशरण गुप्त ने इस पर लिखा :

रखती यही गुण कि वे गंदे गीत गाना जानतीं,
कुल, शील, लज्जा उस समय कुछ भी नहीं वे मानतीं।
हँसते हुए हम भी अहो! वे गीत सुनते सब कहीं,
रुदन करो हे भाइयो! ये बात हँसने की नहीं।[1]

इन गानों को गाकर सम्मान की सीमाएँ लाँघने के लिए महिलाओं की लगातार आलोचना की गई। प्रसिद्ध पत्रिका 'चाँद' में भी इस पर एक लेख छपा :

> स्त्रियों की जबान से गुप्तांगों का नग्न वर्णन, एक स्त्री का पर-पुरुष से सम्बन्ध-सूचक गायनों का गाना जाना, रंगरलियों का वर्णन आदि बड़ा घृणित है।...स्त्रियों के इस व्यसन का छोटी-छोटी बालिकाओं के अपरिपक्व मस्तिष्क पर कुत्सित प्रभाव पड़ता है। इन बुरे ऐबों से उनमें पढ़ने-लिखने आदि की अच्छी बातों से घृणा पैदा हो जाती है तथा तीज, त्योहार, नाच, गाना, मेले, तमाशों की ओर उनकी अभिरुचि बढ़ती है।[2]

लड़कियों की पत्रिका 'कन्या मनोरंजन' में इस विषय पर कविताएँ छपीं।

गाली गाना है बात बुरी। कहलाती इससे जाति बुरी॥
जिया नहीं गाली गाने को। पर उत्तम शब्द सुनाने को॥

1. मैथिलीशरण गुप्त, भारत भारती, झाँसी 1937, चौदहवाँ सं. : 136
2. वृन्दावनदास, 'स्त्रियों में गालियों की प्रथा', चाँद, जनवरी 1934 : 380-81

शरमा जावें सुननेवाले। पर जरा नहीं वे शरमाएँ॥
वे हैं निर्लज्जा कहलातीं। यह देखके फटती है छाती॥
मैं गाली कभी न गाऊँगी। ना कुल की लाज लजाऊँगी॥[1]

मारवाड़ी और खत्री इस अभियान में खासे सक्रिय थे। मेलाराम वैश्य द्वारा लिखित एक रोचक पुस्तक 'गंदे गीत बहिष्कार' में, जो मुख्य तौर पर मारवाड़ियों को सम्बोधित करती थी, सशक्त रूप से महिला गीतों के खिलाफ लिखा गया :

> आप अपने घर में सरस्वती को विराजमान करें न कि भांड या वेश्या को।...यदि आप गंदे गीत अपने घरों में न गाएँ एंड कन्याएँ गंदे गीत न सुनें तो उनके चरित्र गंदे कदापि नहीं हो सकते।...यदि हम उच्च घराने के कहलाने का दावा करते हैं तो हमको अपनी स्त्रियों को गंदे गीत नहीं गाने देने हैं।...अग्रवाल महासभा की निम्नलिखित बातों पर आप अवश्य ध्यान दें :
>
> (1) किसी भी समय में हमारी देवी गंदे गीत न गावें।
> (2) अपने घरों में देश-कुल-जाति हित के लिए नए भजन सिखलाए जाएँ।
> (3) यदि ब्रह्माणी गंदे गीत गावें तो उनको अपने घरों में न गाने दें।
> (4) मांगलिक गीत हर साल गाने की आज्ञा है।
> (5) यदि कोई स्त्री गलती से गंदे गीत गाती हो उसको स्वयंसेवक के रोकने पर रुक जाना चाहिए।
> (6) पुरुषों का कर्तव्य है कि अपने घरों में गंदे गीत ना गाने की हिदायत कर दें।[2]

1. श्रीयुत लून करन जी, 'गाली गाना', कन्या मनोरंजन, सितम्बर 1916 : 375-76
2. मेलाराम वैश्य, गंदे गीत बहिष्कार, भिवानी, 1932, दूसरा संस्करण : 2-31

न केवल महिलाओं में गीतों को नियमित व शुद्ध किए जाने के प्रयास हुए, बल्कि पुरुषों द्वारा बेहतर व सही गीतों को परिभाषित भी किया गया। एक पुरुष लेखक ने कहा कि जो कुछ सामग्री महिला समाज में मिलती है वह इतनी अश्लील और भ्रष्ट है कि सभ्य समाज उसे सुनना नहीं चाहता। इसीलिए महिला गीतों का एक ऐसा संग्रह तैयार किया गया है, जिन्हें महिलाएँ तमाम अवसरों पर गा सकती हैं :

ग्राम्य गीत महिला लिखी, देखि गीत अश्लीलता।
सुधरें जेहि विधि नारी सब, बढ़े ज्ञान गुण शील॥ [1]

जब महिलाओं के लिए 'ग्राम गीतांजलि' नामक यह गीत संग्रह कविवर 'चंचरीक' ने प्रकाशित किया तो तमाम जाने-माने नेताओं और लेखकों ने उसे अपना समर्थन प्रदान किया। शिक्षा मंत्री सम्पूर्णानन्द ने इस संग्रह का पुरजोर समर्थन किया :

> मैं चाहता हूँ कि इन गीतों का प्रसार हो। जो गाने विवाह आदि के अवसर पर, अपने यहाँ आजकल प्रचलित हैं, उनमें से अधिकांश नीरस हो गए हैं और सामंजस्य खो बैठे हैं। बहुत से तो अश्लील भी होते हैं। उनकी जगह अच्छे गीत आवश्यक हैं।[2]

राजेन्द्र प्रसाद, निराला, माखनलाल चतुर्वेदी और राम नरेश त्रिपाठी ने भी इस संकलन का जोरदार समर्थन किया और सभी महिलाओं से अनुरोध किया कि वे इन नए गीतों को अपनाएँ।[3] महिलाओं का अश्लील गीत गाना एक तरह से राष्ट्र विरोधी कृत्य था। कहा गया कि ग्राम गीतांजलि के गीत अपवित्रता की जगह पवित्र राष्ट्रीय भावनाओं से परिपूर्ण थे। मशहूर लेखक रामनरेश त्रिपाठी ने इस नई किताब का परिचय लिखा :

---

1. भगवान सिंह, महिला गीत, प्रयाग, 1933 : 3
2. कविवर 'चंचरीक', ग्राम गीतांजलि, गोरखपुर, 1938
3. इन सभी विचारों के लिए देखें 'चंचरीक', ग्राम गीतांजलि : ख-घ

> स्त्रियों में भी यदि राष्ट्रीय भावों का प्रचार होता तो मेरा अनुमान है कि ऐसे गीत अब तक वे स्वयं बना चुकी होतीं। पर अभी तो उनमें राष्ट्रीय भाव फैलाने की जरूरत है; पीछे उनमें राष्ट्रीयता स्वाभाविक हो जाएगी, तब आपसे आप गीतों की सृष्टि होने लगेगी। तब तक पुरुष की ओर से यह दान स्त्रियों को स्वीकार करना ही चाहिए।[1]

इस किताब को पाठ्यक्रम में सुधार लाने के लिए भी उपयोगी माना गया। कुछ उदाहरण :

ओही नारी सोहागिनि, जो पति प्रेम प्यारी जी।
पर पति मुख नाहीं देखत, देखत नैन तिहारी जी॥

एक और स्थान पर कवि कहता है :

धरम करम उपदेस गुण सीखहूँ, बनी जाहूं कुलवंती नारी।[2]

संकलन में महिला गीतों को एक सलाह पुस्तिका में तब्दील कर दिया गया।[3] इनका उद्‌देश्य महिलाओं को एक पतिव्रता स्त्री और राष्ट्रीय सेविका के रूप में परिवर्तित करना था, और उनके गुणों को प्रोत्साहित, न कि प्रदर्शित करना था।[4] इस प्रकार के कई गीत इस समय पुरुषों द्वारा हिन्दी प्रिंट क्षेत्र में छापे गए :

गुस्से से मेरी बहनों कुछ तुम ना कर गुजरना।
जो कुछ करो वह पहिले खूब ही समझ कर करना॥ ...

---

1. रामनरेश त्रिपाठी, 'परिचय', ग्राम गीतांजलि : 7-8
2. 'चंचरीक', ग्राम गीतांजलि : 154-73
3. 'चंचरीक', ग्राम गीतांजलि; सिंह, महिला गीत; ब्रह्मशंकर माथुर 'आनन्द', स्त्री गीत
4. प्रकाश, कानपुर, 1927; बाबूराम बाजपेयी, स्त्री गायन प्रकाश, लखनऊ, 1933

जो करती पति की सेवा है वही दुनिया में नारी है।
उसी का नाम जग में है वही सब की पियारी है॥...
देखो लज्जा के दर्पण में तुम मुखड़ा।
विद्या के आभूषण पहिनो, हाथों में पहिनो ज्ञान गजरा।
पवित्रता की ओढ़ो चुनरिया, शील का नैनों में हो कजरा।...

बहनों, बुरी किताब कभी न पढ़ा करो।
किस्सों से सदा दूर ही प्यारी रहा करो।
भारत की देवियों की कहानी कहा करो।[1]

स्त्री, घरेलू क्षेत्र और हिन्दी प्रिंट संस्कृति

मेरा दूसरा उदाहरण है स्त्री, घरेलू क्षेत्र और हिन्दी प्रिंट संस्कृति के बीच के सम्बन्ध का। औपनिवेशिक उत्तर भारत में रचा गया प्रिंट साहित्य, स्त्री के घरेलू स्पेस और घर के ताने-बाने को नए तरीके से हमारे सामने रखता है। लोकप्रिय प्रिंट साहित्य ने इस विचार को गड्डमड्ड किया कि औरत की निजी जगह केवल व्यक्तिगत और निजी है, और यह पुरुष की सार्वजनिक जगह से कमतर है। इस साहित्य ने हमें वो अनाधिकारिक स्रोत दिए हैं जिनसे हम अनसुनी आवाजों को बाहर निकाल पाए हैं, और उन्हें गहराई से समझ पाए हैं। उदाहरण के लिए अन्तिओनेत बर्टोन ने अपनी किताब 'ड्वेलिंग इन द आर्काइव्ज' में साहित्य का प्रयोग व्यापक और सृजनात्मक तरीके से किया है। उन्होंने 20वीं शताब्दी की तीन औरतों के जरिए—जानकी मजुमदार (1886-1963), कोर्नेलिया सोराबजी (1886-1956) और अत्तिया होसैन (1913-1997)—एक हिन्दू, एक पारसी, एक मुस्लिम—अपनी बात रखी है। वे रोशनी डालती हैं कि किस प्रकार इन औरतों ने अपने निजी जीवन की यादों के जरिये अपने को सार्वजनिक जीवन के इतिहास के रूप में रूपांतरित

1. ब्रह्मशंकर माथुर 'आनन्द', स्त्री गीत प्रकाश, कानपुर, 1927 : 1, 4, 5, 11

किया। ये तीनों स्त्रियाँ अपने घर और जगह को एक अभिलेखागारी स्रोत की तरह इस्तेमाल करती हैं। हम अभिलेखागार को यहाँ दो प्रकार से देख सकते हैं : पहला, पारम्परिक तौर पर जिसमें वह प्रमाण का स्रोत है, जिससे हर स्त्री औपनिवेशिक भारत में अपने जीवन के ऐतिहासिक वर्णन पेश करती है। पर साथ ही अभिलेखागार का यह भी अर्थ है कि स्त्री लेखनी ही ऐतिहासिक प्रमाणों की एक टिकाऊ जगह है, और यह वर्तमान के इर्द-गिर्द इतिहास लेखन विधा की संभावनाएँ खोलती है। हर औरत की घर की यादें और व्यक्तिगत जिंदगी हमें औपनिवेशिक आधुनिकता के सम्मुख इतिहास में डुबकियाँ लगाने का मौका देती है। स्त्रीवादी लेखकों ने इस प्रकार घर और मकान के विमर्श को अंग-भंग किया है, और उसे एक सार्वजनिक राजनैतिक विमर्श-विषय के नए रूप में ढाला है।

लेकिन हिन्दी साहित्य और प्रिंट अपने आप में कई संकीर्णताएँ भी दर्शाता है। औपनिवेशिक काल में एक आदर्श महिला स्थापित करने की वास्तविक लड़ाई घरों के अन्दर लड़ी गई। घरेलू क्षेत्र राष्ट्रीय संस्कृति का अन्तःकरण था। यह एक ऐसा परिवेश था जहाँ मर्दों के लिए अपनी सत्ता, आदेश और नियंत्रण कायम करना सम्भव था। यह बाहरी दुनिया से उलट था जहाँ पश्चिम ने अपनी सर्वोच्चता दिखाई थी। हिन्दू महिला को घर के इस आध्यात्मिक अन्तःकरण की वाहक के रूप में देखा जाने लगा।[1] औपनिवेशिक उत्तर भारत में प्रकाशित उपदेशात्मक और सलाहकारी संहिताओं के जरिए हिन्दी लेखकों के एक हिस्से ने औपनिवेशिक उत्तर भारत में मध्य और उच्च जाति और वर्ग की औरतों के बीच नियामक छवियों और स्वीकार्य आचरणों का एक मॉडल रखा, जो पितृसत्तात्मक संकीर्णतावादी सोच को दर्शाता था। इस प्रकार के हिन्दी साहित्य ने हिन्दू औरतों के लिए एक आचार संहिता प्रस्तावित की। इन नियमों में अधिकतर औरतों पर पुरुषों और निम्न वर्गों पर उच्च वर्ग का नियंत्रण अन्तर्निहित था।

1. Partha Chatterjee, The Nation and its Framents: Colonial and Postcolonial Histories, Delhi, 1994 : 120-21

यह उस समय रचा गया जब कलियुग की धारणा के आसपास एक विपदा का वातावरण बुना गया, जिसमें ये दर्शाया गया कि पुरुषार्थ का पतन था, निम्न जातियाँ विरोध कर रही थीं और औरत पुरुष पर राज कर रही थी। यह साहित्य ऐसी औरतों की छवि मजबूत करता था जो उत्पादक गतिविधियों से ज्यादातर अलग थीं। उच्चवर्गीय औरतों को पतिव्रता, आज्ञाकारी, धार्मिक और घरेलू कामकाज में सुघड़ होने के लिए प्रेरित किया गया।

उदाहरण के लिए विवाह को परिवार के सर्वाधिक महत्त्वपूर्ण सामाजिक और आर्थिक संस्थान के रूप में देखा गया, जिसके तहत व्यक्तिगत जरूरतें और इच्छाएँ गौण थीं। प्रेम अस्थिर और अस्थायी माना गया, जिसे विवाह से सम्मान मिलता था। परिवार के अन्दर एक नई नागरिक नैतिकता ताकतवर होने लगी। गृहस्थ आश्रम की भरपूर प्रशंसा होने लगी। यह कहा गया कि विवाह से परिवार बनता है, और परिवार से देश के भावी नागरिक बनते हैं। इस प्रकार विवाह को एक नया नैतिक आयाम मिल गया, जो राष्ट्रीय आंदोलन और एक विशेष पहचान के लिए मददगार बनने लगा। एकचित्त और समरूप विवाह के आदर्श पर बार-बार जोर दिया गया। परिवार और विवाह के दायरे के तहत सेक्स का विचार स्थापित किया गया। इस विचार के उचित पालन पर ध्यान दिया गया, और इसे सही समय सही जगह सरअंजाम देने की भी बात की गई।

सेक्सजनित शरीर के स्व-अनुशासन और नियमन को राष्ट्र की स्वतंत्रता से जोड़ा गया। आदर्शीकरण की अवधारणा में शोषण की जड़ें थीं। जैसे कि राज्य के आंतरिक और विदेशी दो महत्त्वपूर्ण विभाग होते हैं, वैसे ही आदमी की दुनिया को बाहरी और औरत की दुनिया को अन्दरूनी माना गया। पतिव्रता की अवधारणा को नए गुणों के साथ परिमार्जित किया गया। पुरुष का काम था उत्पादन और महिला का काम था संरक्षण। महावीर प्रसाद द्विवेदी ने विशेष तौर पर इस विषय पर टिप्पणी की :

> यदि कोई कानूनदां स्त्री पति से कहने लगे—सुनिए जनाब, मेरे और आपके अधिकार बराबर हैं—मैं भी स्वाधीन,

> आप भी स्वाधीन। एक दिन मैं चूल्हा-चौका और झाड़-बुहार करूँ, एक दिन आप। एक दिन मैं आपकी सेवा करूँ, एक दिन आप मेरी सेवा करें। अथवा यदि वह यह कह बैठे कि मुझे संतान उत्पन्न करने से इनकार है तो बताइए ऐसी स्वाधीनता का क्या नतीजा होगा?...स्त्रियाँ स्वभाव ही से सुकुमार होती हैं।...इस दशा में यदि धर्मशास्त्र ने उन्हें पिता, पुत्र या पति के वश में रहने का नियम कर दिया तो क्या गजब किया?[1]

सामाजिक तार्किकता को जैविक तर्कों के साथ मिलाकर घरों के अन्दर असमानता के नए सांचे बनाए गए, और महिलाओं के लिए बहुउद्देशीय काम-काज पर जोर दिया गया। यहाँ तक कि हास्यास्पद रूप से सेक्स क्रियाकलाप में भी अन्तर देखा गया :

> प्राकृतिक सृष्टि क्रिया में पुरुष की जिम्मेदारी दस मिनट की हैं और स्त्री की जिम्मेदारी दस महीने की है। जब प्रकृति ने ही दस मिनट और दस महीने का अन्तर जिम्मेदारी में रक्खा है, तब कोई कैसे दोनों जिम्मेदारी एक कर सकता है?[2]

एक जड़, धुर विचार प्रणाली सामने आई जिसमें पुरुष और महिला के स्वभावों को भी एकदम अलग और परिवर्तन से परे माना गया। सेक्स का मकसद है—बच्चे पैदा करना, सामाजिक कल्याण और व्यक्तिगत विकास। मनभावन आनन्द के बजाय दाम्पत्य सेक्स की सीमाओं पर विस्तार में चर्चा की गई। कहा गया कि एक बिस्तर पर साथ सोने से सेक्स की लगातार इच्छा होती है, जिसका स्वास्थ्य और सुन्दरता पर प्रतिकूल प्रभाव पड़ता है। एक से दूसरे सेक्स सक्रियता के बीच समय के अन्तराल पर अलग-अलग

---

1. महावीर प्रसाद द्विवेदी रचनावली, खंड 7, संकलन-सं. भारत यायावर, दिल्ली, 1995 : 145
2. कन्नोमल, महिला सुधार, आगरा, 1923 : 34

सिफारिशें थी—साल में एक बार, छः माह में एक बार, या अधिक से अधिक माह में एक बार। इस प्रकार स्त्री की देह पर पुलिसिया पहरे बैठाने का प्रयास किया गया।

पर्दा विमर्श

मेरा अगला उदाहरण पर्दा विमर्श के इर्द-गिर्द है। पर्दे को लेकर अनिश्चितता और सन्दिग्धता थी। यह उच्च जातीय हिन्दू घरों के लिए सम्मान का प्रतीक था, और कई बार मध्यवर्ती जातियाँ भी इसे अपना रुतबा बढ़ाने के लिए अपनाती थीं। हिन्दी प्रिंट संस्कृति में स्त्री पर्दे को लेकर एक पेण्डुलम की स्थिति नजर आती है—एक तरफ उसमें पर्दे का विरोध है तो दूसरी तरफ इसका चुनिन्दा समर्थन। कुछ ने पर्दे को पश्चिम की बुराइयों के खिलाफ हथियार के तौर पर खुले रूप से समर्थन दिया।[1] लेकिन पर्दे की चुनिन्दा भर्त्सना ज्यादा व्यापक थी जिसमें महिला के पर्दा त्यागने के सवाल से ज्यादा महत्त्वपूर्ण सवाल यह था कि पर्दा किसके लिए, कहाँ और कब त्यागा जाए? कई महिला लेखकों में भी इस प्रकार की विषमता दिखती थी। महिलाओं के सार्वजनिक क्षेत्रों में बढ़ते कदमों के कारण पर्दे का चुनिन्दा चलन जरूरी बताया गया। खासकर रेलवे स्टेशनों, सार्वजनिक घाटों और सड़कों, दुकानदारों और अन्य ऐसे पुरुषों से सम्पर्क के दौरान पर्दा होना चाहिए।[2] इन तर्कों में घर के बाहर के दायरे में महिलाओं के व्यवहार, चाल चलन, सम्बन्धों पर चिन्ता झलकती थी।

1. कन्नोमल, महिला सुधार : 22
2. लक्ष्मी नारायण 'सरोज', नारी शिक्षा दर्पण, बनारस, 1929 : 21

तीर्थ स्थल, स्नान और पर्दा

मात गंगे! हर! हर! हर!! हर!!!

कोई कुछ भी कहे न लख कर, विषय विधाता की यह चाल!
घर के भीतर का वह पर्दा, घर के बाहर का यह हाल!!

(स्रोत : व्यंग्य चित्रावली, इलाहाबाद, 1930)

रेलवे और संचार माध्यमों के विकास के कारण तीर्थस्थलों की संख्या में काफी वृद्धि हुई थी। महिलाओं की तीर्थस्थलों पर यात्राओं को लेकर पितृसत्तात्मक चिन्ताएँ थीं। एक कार्टून में तीर्थस्थलों का चित्र खींचा गया, और महिलाओं द्वारा अर्द्धनग्न अवस्था में स्नान पर चिन्ता व्यक्त की गई। कानपुर से प्रकाशित होने वाली महिला पत्रिका 'स्त्री दर्पण' ने भी पर्दा प्रथा पर अपने विरोधाभासी विचार व्यक्त किए :

> आजकल स्त्रियों ने पर्दे का उलटा ही मतलब मान लिया है। वे घर में आकर तो गज भर का घूंघट खींच लेंगी, और बाहर मेले, तमाशों में जाते समय मुंह खोल कर जाएँगी। विवाहादि के समय भी गंदे गीत गाती हुई बाजारों में जाती हैं। फिर कार्तिकादि के महीने में नदियों और तालाबों में नहाती हैं, जहाँ उनको हजारों मनुष्य आते-जाते देखते हैं। इससे उनकी लज्जा बिलकुल भी नहीं रहती। सीता जी और लक्ष्मण के बीच में जो पर्दा था, वह वास्तविक पर्दा था।[1]

रेलों का विकास भी पर्दा विमर्श से जुड़ा था। सम्माननीय हिन्दू महिला के लिए सार्वजनिक हलकों में पर्दा और अलग वाहनों की माँगें बार-बार दुहराई गईं।[2] इस प्रकार हिन्दी प्रिंट क्षेत्र में पर्दे पर विमर्श धुँधला था। कुछ खास स्थितियों में चुनिन्दा पर्दाकरण महिलाओं के लिए हितकर माना गया। पर्दे का तिरस्कार और स्वीकार दोनों साथ-साथ हुए। सार्वजनिक स्थलों और यहाँ तक कि घर में, पर्दा चुनिन्दा तौर पर अनिवार्य माना गया, और जहाँ पर्दा सम्भव नहीं है, वहाँ महिला-पुरुष के सम्बन्धों पर नजर रखी जानी चाहिए।

1. शकुंतला देवी गुप्ता, 'पर्दा', स्त्री दर्पण, 29 (1), जुलाई 1923 : 346-7
2. भारत जीवन, 5 दिसम्बर 1898; आगरा अखबार, 20 दिसम्बर 1876; हिन्दुस्तान, 9 मई 1889

देवर-भाभी के रिश्ते

हिन्दी प्रिंट संस्कृति में ऐसा ही एक चिन्ताजनक सम्बन्ध देवर और भाभी का था। इस समय, खासकर पूर्वी उत्तर प्रदेश में, बड़ी संख्या में पुरुष पलायन से स्थानीय घरों और परिवारों में एक नई तरह की रिक्तता पैदा हुई। इस अलगाव के कारण महिलाओं को मुश्किलें और भावनात्मक दबाव झेलना पड़ा। संयुक्त परिवार में चरमराहट आई, और महिला को अपने पति के बगैर घरों में दमित माहौल में रहने के लिए मजबूर होना पड़ा। अकेलेपन के कारण शायद कई महिलाओं ने अन्य रिश्तों में राहत तलाशी, और इस हाल में उनका अपने देवर से निकट होना काफी सम्भव था। शहरी क्षेत्रों में शिक्षा और सुधारवादी बयार के कारण महिलाओं के लिए घरों के अन्दर गति ज्यादा हुई। वे अपने रोजाना के हाड़तोड़ जीवन से अलग इस विवाहेतर रिश्ते में राहत और एक मुकाम पाती थीं। देवर-भाभी का आपसी आकर्षण काफी सामान्य था, और यह एक ऐसा पहलू था, जिससे महिला की कथित पतिव्रता छवि भी धूमिल होती थी।

हिन्दी प्रिंट क्षेत्र का ध्यान भी इस ओर गया। उस दौर की सबसे प्रसिद्ध पत्रिका 'चाँद' ने देवर-भाभी सम्बन्धों और उनकी कथित कारगुजारियों के खिलाफ कार्टूनों के जरिये एक नैतिक जंग शुरू की। 'चाँद' द्वारा प्रकाशित एक कार्टून पत्रिका में 'देवर और भावज' शीर्षक से कार्टूनों की एक शृंखला प्रकाशित हुई, जिसमें देवर और भाभी के तथाकथित पहले और आज के सम्बन्धों में अन्तर दिखाया गया। शृंखला का शीर्षक था 'देवर और भावज : तब और अब'। कार्टून के एक हिस्से में आदर्श के रूप में सीता और लक्ष्मण का सम्बन्ध रखा गया, और इसके विपरीत वर्तमान कलयुग में देवर-भाभी के सम्बन्ध चित्रित किए गए।

एक तरफ लिखा गया :

> मन पवित्र है तब भी लक्ष्मण चलते हैं मूँदे लोचन!
> भ्रातृ, भ्रातृ-जाया सुभक्ति से है पूरित गति शोषित-कन!!

पदचिह्नों पर श्रीसीता के पड़ न जाएँ पग है यह ध्यान!
धन्य-धन्य आदर्श अनुज वह, धन्य बड़ों का वह सम्मान!!

तो दूसरी ओर :

दिखलाता है चित्र बुरा यों देवर भावज को क्या जान
दूषित भाव उठाना है यह, अथवा है उसका अपमान!
भाई का मुख देख दूसरी ओर, किया अच्छा उद्योग।
इससे बढ़ कर हो सकता है, क्या शुभ अवसर का उपयोग?

व्यंग्य को आगे बढ़ाते हुए कहा गया :

किन्तु आजकल के समाज के प्रति गृह में बस दै यह हाल!
बाल गूँथते देवर गिनते भावज के सब शिर के बाल!!
करो प्रचार न कामुकता का रख कर ऐसे रीति रिवाज!
नहीं अन्यथा कभी चलेगा उन्नति पथ पर वृहत समाज!![1]

'चाँद' पत्रिका ने इस विषय पर लेख भी प्रकाशित किए :

वर्तमान युग में इस नाते का निभाना स्त्री जाति के लिए अत्यंत संयम का काम है।...नववधू के पति-गृह में पदार्पण करते ही देवर-भौजाई की छेड़-छाड़ शुरू हो जाती है। प्राय: देवर-भौजाई एक ही अवस्था के होते हैं।...ऐसा नहीं कि आमोद-प्रमोद का जीवन में स्थान नहीं होना चाहिए, परन्तु पद और समय का विचार रखना आवश्यक है। देवर-भौजाई के आमोद-प्रमोद का वर्तमान रूप अत्यंत घृणित है। होली के दौरान उनके कपोल-अधरों का स्पर्श होता है, और अबीर-गुलाल के बहाने मनमाना उद्यम करने को मिल जाता है।...इन कुरीतियों को उखाड़ फेंको![2]

1. व्यंग्य चित्रावली, इलाहाबाद, 1930. ये कार्टून 'चाँद' पत्रिका में भी लगातार प्रकाशित हुए। उदाहरण के लिए देखें : 'चाँद', अप्रैल, 1929 : 857-64
2. बाबूराम श्रीवास्तव, 'भौजाई', 'चाँद', फरवरी, 1929 : 610-12

इस प्रकार के सम्बन्धों की निन्दा करने वाला काफी साहित्य है, पर इस साहित्य को एक भिन्न प्रकार से भी पढ़ा जा सकता है। ये साहित्य संकेत करते हैं कि किस प्रकार महिलाएँ पतियों के आधिपत्य और अपेक्षित व्यवहारों में सुराग लगा रही थीं, किस प्रकार वे अपने सुख और मनोरंजन के लिए अलग जगह बना रही थीं।

स्त्री, शिक्षा और हिन्दी प्रिंट संस्कृति

मेरा अन्तिम उदाहरण शिक्षा के क्षेत्र से है, जहाँ स्त्री और हिन्दी प्रिंट संस्कृति के बीच एक स्पष्ट सम्बन्ध देखा जा सकता है। इस काल में बेहतर पत्नी और माँ के निर्माण में मदद करने के लिए महिला शिक्षा मध्यवर्गीय पहचान और सभ्यता निर्मित करने वाले एक नैतिक कर्म के रूप में सामने आई। स्त्री शिक्षा एक राष्ट्रीय निवेश था, जिसका मकसद उन्हें एक अच्छी गृहणी और अपने विवाहित जीवन में एक उत्तम और ज्ञानवान सहचरी बनाना था। यहाँ पर भी हम देखते हैं कि कैसे हिन्दी प्रिंट संस्कृति एक पेंडुलम पर चलती है। यह माना गया कि हिन्दू परिवार की खुशियाँ तभी बढ़ेंगी जब स्त्रियाँ थोड़ी शिक्षित होंगी। लेकिन साथ ही अधिक पढ़ी-लिखी स्त्रियों की सकारात्मक भूमिका पर भी उँगली उठाई जाने लगी। हिन्दी प्रिंट संस्कृति में यह अभिव्यक्त किया गया कि महिला शिक्षा की एक ऐसी प्रणाली विकसित की जाए जिसमें पूर्वी और पश्चिमी संस्कृतियों का सहज समन्वय हो।[1] मदन मोहन मालवीय ने इस बात पर बल दिया कि स्त्रियों की शिक्षा में अतीत और वर्तमान की स्त्रियों के सर्वश्रेष्ठ पक्षों का समावेश होना चाहिए, जिससे उन्हें भविष्य में नए भारत के निर्माण में बढ़-चढ़ कर हिस्सा लेने के लिए प्रेरणा मिले।[2] लेकिन इस तरह के तर्कों में एक महत्त्वपूर्ण अन्तर्विरोध छुपा हुआ था। एक छोर पर था, भारतीय स्त्रीत्व का पारम्परिक आदर्श और दूसरे छोर पर था, शिक्षा का

24. पुरुषोत्तम दास टंडन, 'स्त्री शिक्षा कि रीति पर विचार', गृहलक्ष्मी, 7 (3), मई-जून 1916 : 111-13
25. उद्धृत है, पुरुषोत्तम, स्त्री भूषण, बनारस, 1932 : 2

देवर और भावज

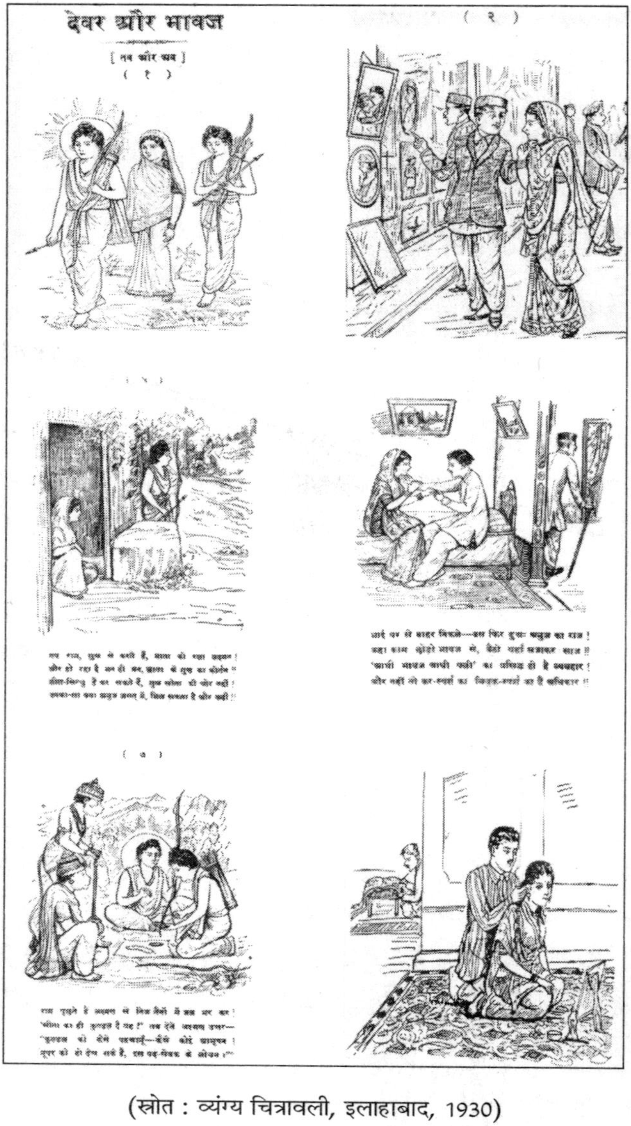

(स्रोत : व्यंग्य चित्रावली, इलाहाबाद, 1930)

आधुनिक आदर्श, और इनका समन्वय कर पाना कठिन था।[1]

पुरुषों पर आधुनिक शिक्षा का बुरा प्रभाव पड़ा है—ऐसा मानकर कहा गया कि स्त्रियों को इससे खासकर दूर रखना चाहिए। हिन्दी में ऐसे कई लेख प्रकाशित हुए जिनमें कहा गया कि स्त्रियाँ शिक्षित होते ही, विशेषकर अंग्रेजी शिक्षा पाते ही, पश्चिमी जीवनशैली का अनुकरण करने लगती हैं। पश्चिमी शिक्षा के महिलाओं पर भयंकर असर को दर्शाते हुए कई व्यंगात्मक कार्टून प्रकाशित हुए, जो विशेष तौर पर शिक्षित आधुनिक स्त्री पर आक्रमण करते थे।

इसी विषय पर कई कविताएँ भी लिखी गईं :

पश्चिमी दृश्य : सभ्य बीवी की चिठ्ठी :

> सीखे मैंने डांसिंग ढंग, और सिंगिंग है इसके संग
> बस अब देख दिखलाऊँगी, और सीखूँ सिखलाऊँगी
> सदा सुन्दर तितली बनकर, उड़ूँगी फूलों फूलों पर
> कभी थियेटर मैं जाऊँगी फूल तुर्रे ले आऊँगी।[2]

एक और उदाहरण देखिए। एक गीत संकलन ने लिखा :

> मैं अंग्रेजी पढ़ गई, नहीं पर्दे में रहने की॥
> गेंद खेलने को जाऊँगी, मर्दों में जी बहलाऊँगी॥
> पति अंग्रेजीदां जवान हो, क्रिस्तान या मुसलमान हो।[3]

1. Malvika Karlekar, 'Women's Nature and the Access to Education', in Karuna Chanana, ed., Socialisation, Education and Women : Explorations in Gender Identity, Delhi, 1988 : 129-65; Nita Kumar, 'Religion and Ritual in Indian Schools : Banaras from the 1880s to the 1940s', in Nigel Crook, ed., The Transmission of Knowledge in South Asia : Essays on Education, Religion, History and Politics, Delhi, 1996: 135-54
2. गोस्वामी लक्ष्मण आचार्य, भीषण भविष्य, इलाहाबाद, 1909 : 1,92. इसके अलावा देखें, 'स्त्री शिक्षा', गुरुकुल समाचार, 2 (9-10), मई 1910 : 21
3. रामानन्द सरस्वती, नवीन ज्ञान गजरा, अलीगढ़, 1924 : 37-8

तीर्थ स्थल, स्नान और पर्दा

प्रात: 7 बजे - स्नान

8 बजे - केश रचना

9 बजे - टॉयलेट

10 बजे - कॉलेज

5 बजे - वायु सेवन

8 बजे - रेडियो

12 बजे - उपन्यास पाठ

गृह कार्य कब करें

(स्रोत : चाँद, जनवरी, 1938)

इस प्रकार आधुनिक अंग्रेजी और पश्चिमी शिक्षा को कई बुराइयों का द्योतक माना गया, विशेषकर महिला शिक्षा के सन्दर्भ में। यह भी डर था कि अधिक शिक्षा पाने पर महिलाएँ अपने घर के चैन, पति के सुख और बच्चों को तिलांजलि दे देंगी। चाँद कार्यालय ने अपने विभिन्न प्रकाशनों में इस विषय पर कई कार्टून छापे :

> एक अन्य कार्टून में शिक्षित पत्नी टेबल पर बैठ भाषण लिख रही है और पति बच्चे को खड़े होकर सुला रहा है।

स्पष्ट था कि सुधारकों के अनुसार महिला शिक्षा एक सीमा में ही होनी चाहिए और महिलाओं को अपने घर का सारा काम स्वयं करना चाहिए। शिक्षा का अर्थ यह नहीं है कि पति चाय पिलाये या बच्चे को देखे! हिन्दी के नियामक साहित्य ने भी इस विषय पर गम्भीरता से लिखा :

> घर ही हमारा शिक्षालय है और गृहणी उसमें सरस्वती रूप में शिक्षा देने वाली विराजमान है।...घर ही धर्म-मंदिर है जिसमें

भिन्न-भिन्न प्रकार के धर्मकार्य होते रहते हैं। घर एक प्रकार का छोटा-सा राज्य है, जिसकी अधीश्वरी गृहणी है और जिसकी प्रजा उसकी संतान है। विद्या पढ़ने का मुख्य उद्देश्य धर्माचार की वृद्धि है।[1]

देवी जी स्त्रियों की वर्तमान दशा पर एक जबरदस्त नोट लिख रही हैं और पति-देवता बाहर बच्चा खिला रहे हैं। जो यह स्वाभाविक दृश्य देखकर हँसे, खुदा करे उसको बीवी भी ऐसी फुलझड़ी जैसी मिले।

(स्रोत : चाँद, अक्तूबर, 1928)

1. विशम्भर प्रकाश, नारी उपदेश, मेरठ, 1912 : 14-17

देवी जी के लिए पति-देवता स्वयं चाय बना कर लाए हैं, देवी जी का आज मिंटोपार्क 'गृहस्थ-सुख' पर एक महत्त्वपूर्ण व्याख्यान होने वाला था। चाय की देरी के कारण 5 मिनट की देरी हो गई—पति-देवता पर बहुत बिगड़ रही हैं।

(स्रोत : चाँद, अक्तूबर, 1928)

एक अन्य पुस्तिका ने लिखा

विद्या पढ़ाने का अभिप्राय साक्षर बनाने से नहीं है, बल्कि योग्य बनाने से है।... हमारी शिक्षा का यह अर्थ नहीं कि हमारी बहनें बी.ए., एम.ए की डिग्रियाँ प्राप्त कर भोग-विलास और मनोरंजन की सामग्रियों का उपयोग करें। हमारी शिक्षा का वास्तविक उद्देश्य तो त्याग, बलिदान और आत्मोत्सर्ग है।[1]

1. मदनलाल केमका, स्त्री शास्त्र, बनारस, 1934 : 7

लेकिन क्या यहाँ पर हम अपनी बात समाप्त कर सकते हैं? क्या यहाँ पर विराम लगाने का अर्थ यह नहीं है कि हम केवल स्त्री शिक्षा के नकारात्मक पहलुओं की ओर देख रहे हैं? शिक्षा के क्षेत्र में महिलाओं के लिए सीमित अवसरों और शिक्षा की प्रभुत्वकारी भूमिका पर बात करना काफी नहीं है। यह देखना भी आवश्यक है कि महिलाओं ने उन्हें दी जाने वाली शिक्षा का क्या किया। गौरतलब है कि बनारस की कुछ उच्चवर्णीय विधवा स्त्रियों ने शिक्षा के हथियारों से लैस होकर वैधव्य की पारम्परिक छवियों का खंडन-मंडन किया, और कड़ी पाबंदियों के बीच भी कुछ फेरबदल करके अपने लिए अनुकूल माहौल बनाने का प्रयास किया।[1] अनेक विद्वानों ने दिखाया है कि बीसवीं शताब्दी के शुरुआती दौर में उत्तर प्रदेश में कैसे अनेक मध्यवर्गीय हिन्दू स्त्रियाँ प्रकाशित होने वाले साहित्य में भागीदारी करने लगी थीं, और उनकी अलग पहचान भी उभरने लगी थी। स्त्रियों की अपनी पत्रिकाएँ, प्रेस और लेखिकाएँ थीं। कई मध्यवर्गीय महिलाएँ सार्वजनिक क्षेत्र में अपनी पृथक पहचान बनाने लगी थीं, और उनके द्वारा प्रयोग की जाने वाली भाषा और विचारों पर भृकुटियाँ भी तनने लगी थीं। अनेक स्त्री प्रधान पत्रिकाओं, खास तौर पर 'चाँद' में, प्रकाशित अनेक पत्रों में महिलाओं के विचारों और भावनाओं का परोक्ष तथा बचावपूर्ण ढंग से समर्थन किया गया।[2]

एक अन्य महत्त्वपूर्ण बात यह है कि औपनिवेशिक उत्तर भारत में शिक्षित महिलाओं के पढ़ने की आदतें कुछ और ही संकेत करती हैं। आप ठोंक-पीटकर सिलेबस बना सकते थे, पर एक बार शिक्षित हुई महिला के लिए 'क्या पढ़ेगी, क्या नहीं पढ़ेगी' का बन्धन लगाए रखना, और वो पढ़कर अपने ज्ञान का क्या इस्तेमाल करेगी, इसे तय करना बेहद मुश्किल था। शिक्षा प्रायः

---

1. Nita Kumar, 'Widows, Education and Social Change in Twentieth Century Banaras', Economic and Political Weekly, 26 (17), 27 April 1991 : WS-19-25
2. Franchesca Orsini, The Hindi Public Sphere 1920-1940 : Language and Literature in the Age of Nationalism, Delhi, 2002; Vir Bharat Talwar, 'Femininst Consciousness in Women's Journals in Hindi : 1910-1920', in Kumkum Sangari and Sudesh Vaid, eds, Recasting Women : Essays in Colonial History, New Delhi, 1989 : 204-232

सार्वजनिक क्षेत्रों में होती थी, पर महिलाओं का पढ़ना प्राय: एक निजी कर्म था, जिसमें उन्हें अपने चुनाव की काफी आजादी मिलती थी। महिलाओं को आखिर कुछ खास पढ़ने या कुछ भी पढ़ने से कैसे रोका जाता! वो मजे ले-लेकर कामुक कथाएँ, जासूसी उपन्यास, प्रेम कहानियाँ, नाटक, स्वाँग, नौटंकियाँ, और गाने की किताबें पढ़ रही थीं। ये मुख्यत: वही चीजें थीं जिन्हें हिन्दी प्रिंट क्षेत्र का एक बड़ा हिस्सा महिलाओं से दूर रखना चाहता था। कुंवारी पढ़ी-लिखी लड़कियाँ काम-कलाएँ तक पढ़ती थीं। ऐसी किताबों का अपना एक बड़ा बाजार था। इलाहाबाद की प्रसिद्ध आयुर्वेदिक डाक्टर और 40 से अधिक 'सुधारवादी' किताबों की लेखिका यशोदा देवी ने भी ऐसा ही कुछ कहा था।

मैं इस बात को भलीभांति जानती हूँ कि किसी पढ़ी-लिखी स्त्री का ट्रंक इतना खाली न होगा जिसमें एक-दो उपन्यास न रखे हों। मेरे यहाँ इस प्रकार के उपन्यासों के लिए बीसों पत्र आया करते हैं। अगर मैंने ऐसे उपन्यास लिखे होते तो बहुत सा धन अर्जित कर लिया होता।...हर रोज स्त्रियाँ इस प्रकार के चटपटे उपन्यासों के लिए पत्र लिखती हैं। नीतिशास्त्र, धार्मिक शिक्षा और गृह-सम्बन्धी पुस्तकों को कोई नहीं पूछता।...दो-चार वर्ष तक मैंने अपनी स्त्री शिक्षा की पुस्तकें माघ मेले में त्रिवेणी तट पर बिक्री के लिए भेजीं।...स्त्रियाँ उन पुस्तकों को देखकर लौट जाती थीं और अनेक प्रकार के रसीले उपन्यास जैसे अलबेला गवैया और गजल संग्रह की माँग करती थीं।...जिन दुकानों पर इस प्रकार के उपन्यास और व्यर्थ पुस्तकें आती थीं, उनकी खूब बिक्री हुआ करती थी।[1]

ये उपन्यास शायद न बोझिल थे और न ही अपठनीय। ये प्राय: पितृसत्तात्मक मूल्यों से भरे थे, पर इनमें महिलाओं के लिए नैतिक बट्टेदारी कम थी। रोमांस प्राय: रोमांच, यौनिक उत्तेजना और आनन्द का सबब था। महिलाओं का उन्हें पढ़ना ही अपने-आप में सबसे महत्त्वपूर्ण क्रिया थी, जिसमें प्रतिरोध के बीज छुपे थे।

1. यशोदा देवी, दम्पती आरोग्यता, जीवनशास्त्र, इलाहाबाद, 1927 : 5-7

निष्कर्ष

सार संक्षेप में औपनिवेशिक उत्तर भारत में हिन्दी प्रिंट क्षेत्र के एक हिस्से ने पवित्रता और आदर्श महिला की नई-नई भूमिकाएँ और मूर्तियाँ बनाईं, पर यह भी सच है कि इस सबके बीच महिलाएँ भी अपनी जगह बना रही थीं। जहाँ औपनिवेशिक काल की प्रभुत्वशाली हिन्दी प्रिंट संस्कृति ने पितृसत्ता को मजबूत किया, वहीं यह भी गौरतलब है कि ये कोशिशें आधी-अधूरी थीं। कई बार जो शब्दावलियाँ पहले औरतों के नियंत्रण के लिए आजमाई गई थीं, वे ही जब एक बार अपनी खुद की लय और गति में आ गईं तो उन्हीं के बीच विरोध के स्वर भी उभरे। उपदेशात्मक हिन्दी साहित्य की दुनिया तंग थी, पर बदन की तंग कमीज की तरह उसकी सिलाइयाँ उधड़ रही थीं। अधिक नियंत्रित करने के प्रयासों के बीच ही महिलाएँ नैतिक विन्यास और व्यवस्था में बिखराव और अव्यवस्था के बीज भी बो रही थीं।

देशज, लोकप्रिय साहित्य हमें अभिलेखागारों का एक विभिन्न पाठ मुहैया कराता है, और इस प्रकार हम आधिकारिक और प्रभुत्वशाली इतिहास-शास्त्र के पूर्वाग्रहों से टकरा सकते हैं। बेहद विविध, देशज और लोक क्षेत्र अभिलेखागारों के शुद्ध क्षेत्र और शब्दों को हिलोरता है, क्योंकि इससे पता चलता है कि किस प्रकार औरतों के व्यापक नियमन की आम प्रवृत्ति के साथ-साथ अनियमन और अन्य सम्भावनाओं की बयार भी बह रही थी। हमें ऐतिहासिक अभिलेखागारों और शोध की अपनी अवधारणाओं का विस्तार करने की जरूरत है। इसका मतलब केवल औपनिवेशिक काल के अभिलेखागारों के आगे जाना भर नहीं है, बल्कि अभिलेखागारों की पुनर्व्याख्या और अलग और नए अभिलेखागारों की खोज भी है। इस उद्यम में एक इतिहासकार और अभिलेखागार के बीच का सम्बन्ध नवनिर्मित होता है। औरतों से सम्बन्धित ऐतिहासिक शोध के लिए केवल अभिलेखागारों के स्रोतों को ही नहीं, बल्कि लोकप्रिय साहित्य और आज के शोध पर भी जोर देना होगा। निश्चय ही यह यादों की व्याख्या, उसके अध्ययन, अध्ययन की विषय वस्तु पर हमारा, न

कि उनका नजरिया, जैसी समस्याओं से हम दो-चार होते हैं। पर औरतों के वैकल्पिक और प्रतिस्पर्धी इतिहास लेखन के लिए हमें ऐसी ही आवाजाही, यहाँ-वहाँ के सफर की जरूरत है। ऐसे दबे हुए तथ्यों और कहानियों को लिखने और सुनाने के लिए उन्हें ऐतिहासिक का दर्जा मिलने का दावा ठोंकना होगा, और इन रास्तों से हम अन्ततः अभिलेखागार शब्द को देखने-समझने का नजरिया बदल सकते हैं।

ग्रामीण पुनः संजीवन : एक विमर्श

डॉ. विनय प्रभाकर सहस्रबुद्धे

बहुत ही ऊर्जावान, रचनात्मक, चिन्तक व लेखक डॉ. बद्री नारायण जी, संकाय सदस्यो, विद्यार्थियो, सभी सम्मानित सदस्यो, भाइयो एवं बहनो। मैं जब यहाँ आया तो मैं साथियों से पूछ रहा था कि हिन्दी में बोलूँ या अंग्रेजी में? मैंने सोचा कि जब मैं इलाहाबाद, प्रयागराज आया हूँ और 'रूरल-रिजूवेनेशन' के बारे में बात करना है तो हिन्दुस्तानी में बात करूँगा, हिन्दी में बात करूँगा। यद्यपि मेरी हिन्दी भी आपको शायद बहुत प्रभावित नहीं कर पाएगी, मगर भाषा का जो उद्‌देश्य है सम्प्रेषण का, कम्यूनिकेशन का, मैं मानता हूँ कि ठीक तरीके से अपनी भाषा में ही कर पाऊँगा। सबसे पहले तो मैं बद्री नारायण जी, और बाकी सभी आपके सम्मानित प्राध्यापकों को धन्यवाद देना चाहूँगा कि उन्होंने डेवलपमेंट डिसकोर्स के इस प्रथम पुष्प को आपके सम्मुख गूँथने के लिए मुझे निमंत्रण दिया। इसका शीर्षक भी बड़ा समयोचित है। डिसकोर्स के डेवलपमेंट के बारे में भी बहुत बात करने की जरूरत है, और सघनता लाने की आवश्यकता है, और उस दृष्टि से इस तरीके के समाज विज्ञान के छात्रों के बीच अपनी कुछ बातों को रखने का मुझे अवसर मिला। मैं अपने आपको गौरवान्वित महसूस करता हूँ, और आपको शुरू में ही पुनः एक बार दिल से

धन्यवाद देता हूँ।

मैं थोड़ा सा कन्फ्यूज हुआ कि 'रूरल-रिजूवेनेशन' का हिन्दी रूपांतरण क्या किया जाए, क्योंकि रिजुवेनेशन एक बड़ी संज्ञा है। जहाँ तक कि मेरा आकलन है, और मुझे लगता है कि ये एक दृष्टि से पुनर्जागरण ही है। मगर शायद उससे भी अधिक सही शब्द जो मुझे लगा और मुझे आशा है कि मैं सही हूँ, वह है पुनर्संजीवन। एक नई संजीवनी हमारी ग्रामीण परम्पराओं में, ग्रामीण जीवन में जिसकी आवश्यकता है, उसके बारे में। शहर में रहने वाला मेरे जैसा एक छात्र उसे कैसे देखता है, इसी सीमा के अन्दर मैं अपने विचार रखने वाला हूँ। मैं राजनीति शास्त्र का छात्र रहा हूँ, और वैसे ग्रामीण विकास, ये विद्याशाखा भी, फैकल्टी भी, ज्ञान शाखा भी, मेरे खयाल से विगत तीन-चार दशकों में ही विकसित हुई है। इसके पहले ग्रामीण विकास के विभाग विश्वविद्यालयों में नहीं हुआ करते थे, और इसलिए जब हम कॉलेज में पढ़ रहे थे, शायद यह विकल्प हमारे समय में उपस्थित नहीं था कि क्या हम ग्रामीण विकास के छात्र बन सकते हैं? मगर अच्छी बात है कि इसको विश्वविद्यालयीय स्तर पर अभी एक स्वीकार्यता और मान्यता मिली है, और आप जैसे छात्र बड़ी संख्या में ग्रामीण विकास के बारे में ज्ञान अर्जन के लिए यहाँ पर आते हैं जो कि एक बड़ा सुखद विषय है।

जहाँ तक ग्रामीण जीवन के पुनर्संजीवन की बात है, इतिहास में शायद बहुत लम्बा जाने की जरूरत नहीं है कि कब से ये शुरू हुआ। इसको डि-जेनेरेशन कहें, ग्रामीण जीवन की उपेक्षा कहें, ग्रामीण जीवन का जो सत्त्व है, उसके अन्दर से समाप्त होने की जो प्रक्रिया है वह यह है कि ग्रामीण जीवन अपने आपमें पूरा शहरों की ओर देखने लगा है। और शहरों के अनुकरण में देखते-देखते समझ में ही नहीं आया कि कैसे लिप्त हुआ। ये जो सारी प्रक्रिया है, उसका प्रारम्भ कब हुआ ये एक शोध का विषय है। तात्पर्य यह कि मैं मानता हूँ कि हमारे देश में तीव्र गति से उपनिवेशवाद छा गया। केवल हमारा देश ब्रिटिश शासन काल में पराजित ही नहीं हुआ, सिर्फ हमें राजनीतिक दासता ही नहीं मिली वरन् उसकी छाया समाज के, सामाजिक

जीवन के हर क्षेत्र में छाई, और गहराती गई। ग्रामीण अंचल भी उससे कभी मुक्त नहीं रह पाए। जिस पद्धति से हमारी सोच एक दृष्टि से प्रदूषित हो गई, विषमित हो गई उसके कई उदाहरण, उस जमाने के चिन्तकों-विचारकों ने अपने वक्तव्यों में भी प्रस्तुत किए हैं। आपको शायद पता होगा कि देश के एक बहुत बड़े शिक्षाविद, एक दृष्टि से कलाजगत के बहुत बड़े जानकार, तत्त्वज्ञ भी हम कह सकते हैं, प्रोफेसर आनन्द कुमार स्वामी ने 20वीं शताब्दी के प्रारम्भ में यानी 1908 में कलकते की एक 'मॉडर्न रिव्यू' नाम की एक पत्रिका में एक आलेख लिखा था। उसमें उन्होंने हमारे देश के नौजवानों की उस समय की मानसिकता में जो परिवर्तन आ रहा था, उसका बड़ा ही सटीक चित्रण किया था। उसमें प्रभुत्व मानसिकता समा रही हो या अपने स्वत्व को भूलने की, आत्मविस्मरण की जो एक धारा हमारे बीच में बलवती होती गई, इस प्रक्रिया पर या इसके बारे में सघन चिन्तन-मंथन होना चाहिए था। मैं मानता हूँ कि वह हमारे देश में उतनी ताकत से नहीं हो पाया।

शहरी मानसिकता की जो दशा हुई वह तो हुई ही, ग्रामीण अंचलों में तो इसके परिणाम और भी अधिक गलत और अधिक नकारात्मक होना स्वाभाविक था, क्योंकि वहाँ पर पहले से एक दृष्टि से एक आत्म-विस्मृति के बारे में, एक वातावरण छाया हुआ था। ग्रामीण अंचलों की निगाहें, बहुत पहले से शहरों की तरफ दौड़ने लगीं और ऐसे वातावरण में यह स्वाभाविक था कि स्वाधीनता के पहले यद्यपि पूज्य महात्मा गांधी जी ने ग्रामीण पुनर्जागरण के पहले ग्रामीण पुनर्संजीवन की बहुत सारी बातें कहीं और उन्होंने उन्हें किया भी। ग्रामीण अंचलों में ही देश रहता है, इसको उन्होंने बार-बार बताया और ग्रामीण जीवन की एक प्रतिष्ठा के लिए भी अपनी पद्धति से पुरजोर और प्रामाणिक कोशिश भी उन्होंने की थी। बावजूद इसके स्वाधीनता के बारे में उस धारा को हम बल नहीं दे पाए।

वैसे हम सब समाज विज्ञान के छात्र हैं। हम जानते हैं कि डॉ. बाबा साहेब आंबेडकर ने हमारे ग्रामीण अंचलों को एक 'कॉनफ्लिक्ट जोन' बताया था और कहा था कि वहाँ पर बहुत सारे संघर्ष आ जाते हैं, और अब वहाँ

एक ठहराव-सा आया है जिससे बाहर निकलना चाहिए। वो ग्रामीण विकास की महात्मा गांधी की संकल्पना के बारे में एक दृष्टि से अलग मत रखते थे, और तब शायद बाबा साहेब आंबेडकर अपनी पद्धति में सही थे। बात सही है कि ग्रामीण अंचलों में वह ऊर्जा, वह एक जो चेतना का वातावरण होना चाहिए वह लगभग समाप्त होता सा दिखाई दे रहा था। हालाँकि स्वाधीनता के तुरन्त पश्चात् बापू जी हमारे मध्य नहीं रहे, और जैसा कि हमने देखा उस समय के हमारे प्रधानमंत्री पं. जवाहर लाल नेहरू जी की सोच भी ग्रामीण विषयों के सन्दर्भों में, ग्रामीण पुनर्जागरण के सम्बन्ध में, गांधी जी के विचारों से अलग थी। और उसके कारण एक दृष्टि से गांधी जी के हमसे दूर चले जाने के पश्चात् ग्रामीण पुनर्संजीवन की जो धारा है, और अगर मैं कहूँ तो उसको ओवरस्टेटमेंट नहीं माना जाना चाहिए, एक दृष्टि से अनाथ हो गई।

हम सबको पता है कि शायद बापू जी के जाने के पश्चात् 10 एक सालों में, 50 के दशक के मध्य में खादी एंड विलेज इंडस्ट्रीज कमीशन की स्थापना हुई। कांग्रेस के एक जमाने में अध्यक्ष हुआ करते थे, यू.एन. ढेवर भाई। ढेवर भाई को उसका अध्यक्ष बनाया गया। ढेवर भाई गांधी जी के प्रति समर्पित थे, निष्ठावान थे। उन्होंने उसे आगे बढ़ाया। आज भी हम देखते हैं कि खादी ग्राम उद्योग की एक दुनिया है, संसार है और कई मायनों में उनका काम बड़ा सराहनीय है। कई अच्छे प्रयास भी उनके द्वारा अगले दशकों में हुए हैं। बावजूद इसके इस धारा को जो संजीवनी देने की जरूरत थी, उसके लिए सरकारी प्रयास अपर्याप्त थे, और अपर्याप्त रहे। मैं एक बार वर्धा के निकट भद्रावती नाम की जगह पर गया था और वहाँ पर मैंने देखा कि बापू जी से प्रेरित वहाँ एक व्यक्ति थे। दुर्भाग्यवश इस समय उस महान व्यक्ति का नाम भूल रहा हूँ जिसने मिट्टी कला में अपना पूरा जीवन व्यतीत कर दिया, और भद्रावती को मिट्टी कला का एक बहुत बड़ा केन्द्र बना दिया। अभी वहाँ हमारे मध्यप्रदेश के एक सज्जन थे जो बापू जी के साथ काम करते थे। इनके अलावा और ऐसे दर्जनों लोग हैं जिनको बापू जी ने कहा कि भइया इसको जीवन का मिशन बनाओ, यहाँ जाकर बसो और ये काम करो। उन्होंने

अपना सब कुछ त्याग दिया। कफन बाँधकर निकले और ग्रामीण पुनर्संजीवन के गांधी जी के सपने को साकार करने के लिए एक दृष्टि से अपने जीवन का वहाँ पर बलिदान दिया।

ऐसे कई लोग हैं। अन्ना साहब सहस्त्रबुद्धे गए अमरावती में और वहाँ बड़ा काम किया। उन्होंने कुष्ठ रोगियों के लिए काम किया। ऐसे ही अन्ना साहब पटवर्धन हैं। महाराष्ट्र के बाहर भी ऐसे लोगों की बहुत बड़ी संख्या है। अहमदाबाद में सफाई महाविद्यालय चलता है। पटेल साहब, अमरोद भाई पटेल जी के ही अनुयाइयों में से एक थे जिन्होंने सफाई के लिए काफी काम किया। अभी हमारे विन्देश्वर पाठक जी सुलभ शौचालय के माध्यम से बढ़िया काम कर रहे हैं। मगर शौचालय कैसे होने चाहिए? ग्रामीण अंचलों में पानी की किल्लत का सामना करने के लिए शौचालयों की रचना कैसे होनी चाहिए? इसके बारे में एक सोच बनाते हुए, एक सफाई महाविद्यालय अहमदाबाद में बना है।

मगर इन सारे प्रयासों के बावजूद भी जैसा मैंने कहा कि बहुत सारे प्रयास या तो सरकारी रहे या जो व्यक्तिगत प्रयास से बने थे, उनको, उनकी ऊर्जा को आगे ले जाने वाली जो विरासत और आगे ले जाने वाले जो अनुयायी मिलने चाहिए थे, शायद उनका अभाव रहा। मगर यह पद्धति दुर्भाग्यवश मुख्यधारा नहीं बन पाई। फिर इसमें अन्य भी बिन्दु आ गए, जैसे आज भी मेरे खयाल से विगत तीस एक सालों से हम इसी की चर्चा कर रहे हैं पर इसका कोई उपाय नहीं मिल पा रहा है। कितने सारे हो गए किसान नेता, महेन्द्र सिंह टिकैत, शरद जोशी, बहुत सारों ने अपनी-अपनी भूमिकाएँ निभाईं किसान जीवन की समस्याओं का समाधान खोजने के लिए। मगर आज भी खेती को फायदेमंद कैसे बनाया जाए, खेती के ऊपर निर्भर जो जीवन है उसे और अधिक ताकत कैसे दी जाए, इसके बारे में, जैसे अँधेरे में हम कुछ खोज करते रहते हैं। मैं मानता हूँ कि आज भी हम उसी अवस्था से गुजर रहे हैं, और इसके कारण जो कष्टप्रद पहलू है, वह यह है कि एक दृष्टि से इस अवस्था में लाने के लिए जिन कारणों को जिम्मेदार ठहराया

जा सकता है, उनमें एक है खेती की निरन्तर बढ़ती हुई अनाकर्षकता। खेती के प्रति आकर्षण लगभग समाप्त हो रहा है। इसके बहुत सारे कारण रहे हैं। जैसे, प्रकृति पर निर्भर होना, पानी और पानी के प्रबन्धन के बारे में जितनी सटीक, अच्छी और निर्भर रहने लायक संरचनाओं का सुदृढ़ होना जरूरी था, उनका न होना। फिर पैतृक सम्पत्ति के रूप में जो खेती आपके पास आती है उसका बँटवारा होते जाना। इसके कारण आज का जो संपन्न किसान है उसका कल का मार्जिनल फार्मर बन जाना। और ये करते-करते हमें कुछ नया करना चाहिए, अलग कुछ करना चाहिए। इस धारा के विस्तार के लिए किसान नेताओं, सरकार के कृषि विभाग और जो इतने सारे, शायद सैकड़ों की संख्या में हमारे यहाँ कृषि विश्वविद्यालय बने हैं, उन्हें अपने शोध के आधार पर एक उपाय ढूँढ़ने के लिए आगे बढ़ना जरूरी था। पर दुर्भाग्यवश ऐसा कुछ नहीं हुआ। शरद जोशी जी, महेन्द्र सिंह टिकैत, सम्मानित किसान नेता रहे हैं, चौधरी चरण सिंह समेत, मगर किसानी की बदलती अवस्था को सामने रखते हुए, किसानों का जो प्रबोधन जरूरी था वो, उनको जो कहने की आवश्यकता थी वह ठीक से नहीं हुआ।

उन लोगों को कहना था कि भइया किसानी पर बहुत ज्यादा निर्भर मत रहो, आज नहीं तो कल किसानी आपके लिए दुष्कर साबित होगी। इसका जो एक आकलन उसके अन्दर निर्माण करना जरूरी था, एक भविष्यदर्शी के रूप में, मैं मानता हूँ कि उसमें हमारे किसान आन्दोलन भी अक्षम रहे, हमारी सरकारों के खेती विभाग भी अक्षम रहे, और जैसा कि मैंने कहा कि हमारे कृषि विश्वविद्यालय भी पूरी तरीके से अक्षम रहे जिसके कारण किसान और खेती के बारे में चर्चाएँ तो बहुत होती रहीं, और घोषणा-पत्रों के पता नहीं कितने पन्ने उसके लिये-दिये जाते रहे, मगर किसान की अवस्था में जो परिवर्तन होना जरूरी था, और किसान की निर्भरता जो खेती के ऊपर थी, और एकमात्र निर्भरता का जो वातावरण रहा, उसमें शायद कोई अन्तर हम नहीं ला पाए। जिसके चलते किसानों की आत्महत्याओं का क्रम लगातार चलता रहा। बाकी भी कारण हैं लेकिन खेती की अनाकर्षकता और उसके

उपाय ढूँढ़ने की जो हमारी प्रक्रिया है, उसके केन्द्र में हमारे जो इंटेलेक्चुअल डोनर्स हैं, उन्हें सबसे अधिक जिम्मेदार माना जाना चाहिए। इसके बाद दूसरा भी एक कारण है कि ग्रामीण जीवन में एक तरीके से दुविधाओं का सामना ग्रामीण अंचलों को करना पड़ा है। दुविधाएँ यह कि किसी भी भाषा में इन ग्रामीण अंचलों को चाहे वह हिन्दी हो, मराठी हो, गुजराती हो, ग्रामीण अंचलों को रोमांटिसाइज किया जाता है। मगर उसके वर्णन और ग्रामीण अंचलों की परिस्थिति दोनों में तालमेल नहीं होता। क्योंकि वह वर्णन एक जमाने में सही था पर जो अवस्था बाद में बनी उसमें वह चिन्ताजनक थी। ये भी पता नहीं चला कि इसे कैसे सुधारा जाए।

आप समाज विज्ञान के छात्र हैं। सुदूर उत्तर-पूर्व में काम करने वाले एक समाज वैज्ञानिक रेने रेनविज का नाम बहुत जाना-माना है और रेनविज साहब ने उस समय के प्रधानमंत्री पं. नेहरू के साथ समन्वय बैठाते हुए एक धारा चलाई, एक नीति अपनाई। आप ज्यादा जानते होंगे, हमने तो कहीं से सुना, पढ़ा है कि नॉर्थ ईस्ट के जितने हमारे ट्राइबल्स हैं उनको वो एन्थ्रोपोलॉजिकल म्यूजियम जैसा मानते थे कि उनको वैसा ही रखा जाए। उनका मानना था कि उन जातियों के जीवन के साथ खिलवाड़ नहीं किया जाए। उनके ऊपर नगरीकरण थोपा नहीं जाए। उनके ऊपर अर्बन जीवन शैली के बारे में आग्रह और उस पद्धति का समावेश नहीं किया जाए। और तर्क यह था कि उनको उनकी खुशियों के साथ रहने दिया जाए। उनको चुनने की स्वतंत्रता हो। यह सही भी था। कोई गलत नहीं था। मगर उसके कारण यह भी हुआ कि उस पद्धति से प्रगति की धारा में सारे लोग समाहित नहीं हो पाए। ये तो आज है, 2019 की बात है, जब हमारे सुदूर पूर्वोत्तर भारत के लगभग सभी राजधानी शहरों में रेल लाइनें बिछाने का काम विवादहीन होकर आगे बढ़ रहा है। आज से 30 साल पहले शिलाँग में रेलवे लाइन के लिए विरोध हुआ था। इम्फाल में रेलवे लाइन का निर्माण न हो इसलिए इसका बड़ा कड़ाई से विरोध था। ये एक दृष्टि से उस मानसिकता का परिचायक था कि अनावश्यक चीजें हम नहीं चाहते। इसमें एक तर्क है।

मैं ऐसा नहीं कहता कि ये सरासर गलत है। मगर कहीं न कहीं एक समन्वय की जरूरत थी जो शायद उस समय दिखी नहीं। मैं उदाहरण इसलिए दे रहा हूँ कि ग्रामीण अंचलों के बारे में भी हमारी सोच पहले ऐसी ही रही कि एक ओर हम ग्रामीण अंचलों को ग्रामीण रखना चाहते थे, और दूसरी ओर ग्रामीण अंचलों के लोक स्वरूप को ग्रामीण नहीं रहने देना चाहते थे। इसमें एक तनाव की स्थिति पैदा हो गई, और उसके कारण आज देखिए मुझे विस्तार से वर्णन करने की आवश्यकता नहीं है, मगर ग्रामीण अंचलों में रहने वाले या ग्रामीण अंचलों के विकास का जिन लोगों को दायित्व दिया गया है, चाहे वह शिक्षक हो, चाहे गाँव का पटवारी हो, चाहे और कोई हो, अधिकतर लोग निकट के शहर में रहते हैं। काम ग्रामीण अंचलों में करते हैं। अभी आप कहेंगे कि जब तक आप ग्रामीण अंचलों से खुद को आइडेंटिफाई नहीं करते तब तक वहाँ की पीड़ा को आप समझ नहीं सकते। इसलिए आपको वहाँ रहना आवश्यक कर देना चाहिए। क्योंकि वो जो अध्यापक है, पटवारी है या और कोई है, वो कहता है कि आप बाबू लोग तो शहरों में बैठे हैं। हमारे बच्चों को ग्रामीण अंचलों से सीखना चाहिए इसके ऊपर आपका इतना आग्रह क्यों है? हम कहते हैं कि ग्रामीण अंचलों में पूरा दिन यही काटेंगे बस रात के लिए शहर जाएँगे। किन्तु इस कारण ग्राम समाज से जो रिश्ता बनना चाहिए था, वह बन न पाया। तब से आइडेंटिफिकेशन की प्रक्रिया नहीं पूरी हो पाई, और उसके कारण एक ओर ठहराव आया और दूसरी ओर प्रवाह पतन हुआ। प्रवाह पतन कैसे हुआ, इसकी एक बानगी आपको बताता हूँ।

1985 में महाराष्ट्र में पहली बार कांग्रेस की सरकार हटी और पहली बार विशुद्ध रूप से गैर कांग्रेसी सरकार शिवसेना और भाजपा गठबन्धन सत्ता में आई। तो फिर सत्ता के अधिकारियों में चर्चा चली कि ग्रामीण अंचलों के लिए क्या किया जाए? इसके लिए तैयार हम नहीं थे और ग्रामीण अंचलों में ये जो शहरी पार्टियाँ हैं, शिव सेना का भी उस समय ज्यादातर स्वरूप शहरी ही था, और बीजेपी का भी स्वरूप शहरी ही था। एक ने बड़ा अच्छा तर्क

दिया कि आप तो कहते हैं कि ग्रामीण मतदाता इनकी ओर कैसे आकर्षित हुआ मगर ये सवाल तो तब आएगा न कि जब ग्रामीण मतदाता ग्रामीण रह पाएगा या यूँ कहें ग्रामीण मतदाता ग्रामीण रह गया है क्या? और उन्होंने उदाहरण दिया कि महाराष्ट्र में आप देखिए कि जो फिल्मों के अध्येता हैं, उनके देखने लायक यह विषय है क्योंकि फिल्में समाज की परछाईं होती हैं। 90 के दशक तक एक दृष्टि से महाराष्ट्र की जो फिल्में थी, वे मराठी फिल्में थीं। वे सामान्यतः तमाशा पर आधारित होती थीं। तमाशा महाराष्ट्र की लोक-कला है, और उस लोक-कला को केन्द्र में रखकर बहुत सारी फिल्में बनाई जाती थीं।

90 के बाद आपको दिखाई देगा कि ऐसी फिल्में बनना लगभग बंद हुईं। ऐसा नहीं कि ग्रामीण फिल्में बनी नहीं हैं मगर उस पद्धति से नहीं बनी हैं क्योंकि ग्रामीण अंचल भी नहीं चाहते कि उन्हें ग्रामीण पद्धति से दिखाया जाए और उन पर फिल्में बनें। और उसके कारण उस प्रकार का जो दर्शक वर्ग था उसकी संख्या में भी कमी आ गई। तो स्वाभाविक है कि ग्रामीण अंचलों के बारे में सूचनाएँ मिलनी बंद हो गईं। उन पर चिन्तन होना कम हो गया। तो जैसा कि मैंने कहा कि एक ओर ठहराव व दूसरी ओर प्रवाह पतन जो भी नई धाराएँ इसके साथ बनती चली गईं, उनके कारण बहुत सारी विकृतियाँ भी इसके साथ बनती चली गईं। जब मैं प्रवाह पतन की बात करता हूँ, तब मुझे अपने देश में जो एक बात हमेशा बताई जाती है वह यह कि मुख्यधारा एक होती है। हम एक बार नगालैंड में गए थे और हमारे साथ कुछ प्राध्यापक भी थे। उन्होंने जो गाँव के वृद्ध होते हैं अथवा कह सकते हैं कि जो गाँव के प्रमुख उनके साथ लम्बी चर्चा करते हुए कहा कि भाइयो एवं बहनो आपको मुख्यधारा के साथ जुड़ना चाहिए तो उनको बीच में रोककर एक वृद्ध ने कहा कि "ये आप मुख्यधारा-मुख्यधारा क्या कह रहे हैं? वो क्या होता है? मुख्यधारा का मतलब तो पहाड़ों में होता है, हम पहाड़ वाले लोग हैं।"

मैं मानता हूँ कि यह अपवाद है, और कौन मुख्यधारा में है इस विवाद में जाने की आवश्यकता नहीं है। मगर हम जिसे मुख्यधारा-मुख्यधारा कहकर

महिमामंडित करते रहे वो वाकई में जब मुख्यधारा थी, तब उसको मुख्यधारा कहना उचित था। मैं मानता हूँ कि यह भी एक सामाजिक विज्ञान के छात्र के नाते हमारे लिए एक शोध का, विचार का विषय है और इसलिए जो एक डायनेमिक या गतिशील ठहराव की जरूरत थी, इसमें थोड़ा विरोधाभास नजर आएगा, पर विरोधाभास नहीं है। ठहराव इसलिए होना चाहिए कि जो ग्रामीण अंचल का सत्त्व है, जो पोटेंशियल है उसको हम बरकरार रखें। मगर नई धाराओं से जोड़ते हुए नए परिवेश में उसको ढालें जो उत्तरोत्तर क्षीण हो रही है। ये जरूरी था। मगर न ऐसी सोच बन पाई न इस पद्धति पर कहीं शोध आया, न इस पद्धति पर कोई धारा बनी। विश्वविद्यालयों से और सरकार के विभाग में बैठे बाबुओं से इस प्रकार की धारा की अपेक्षा करना ही मैं मानता हूँ कि गलत था, और इसलिए एक दृष्टि से ये अवस्था आई कि हम न तो घर के रहे और न घाट के। कहीं बीच में ही फँसते गए। इधर का भी जो अच्छा था वो हमसे छूट गया, और उधर का भी जो अच्छा था, जिसके कारण हम परिवर्तन कर सकते थे वो हमसे दूर ही चला गया।

मैं मानता हूँ कि ग्रामीण जीवन और ग्रामीण नवसंजीवन की जो हम चर्चा कर रहे हैं उसके केन्द्र में वह अवस्था है जो शायद 30-40 साल पुरानी है, और जिसके बारे में आज भी जितना सटीक और सही आकलन व्यापक रूप में बनना चाहिए, एक छात्र के नाते मैं जब देखता हूँ, तब मुझे उसका अभाव दिखता है। ग्रामीण दरिद्रता और ग्रामीण समस्याओं का बड़ा अन्योन्य सम्बन्ध है। ग्रामीण परिवेश में जिन तत्त्वों और सूत्रों के कारण ग्रामीण विकृतियाँ निर्मित हुईं, जिनका जिक्र मैंने किया, उन कुछ सूत्रों की चर्चा मैं आपके समक्ष करना चाहता हूँ। पहला सूत्र है कि कुल मिलाकर हमारे व्यक्तिगत, पारिवारिक और सामाजिक जीवन में श्रम की प्रतिष्ठा थी, उसका विलोप होता गया। पूज्य महात्मा गांधी जी ने जो श्रम प्रतिष्ठा की बात कही, उसके बाद बहुत कम नेताओं ने कभी श्रम प्रतिष्ठा के बारे में कुछ कहा है। माना तो यह गया कि श्रम के काम तो हलके काम हैं। जबकि किसानों को तो श्रम बहुत करना पड़ता है, चाहे कितने भी यंत्र-तंत्र क्यों न आएँ। ऐसे में

जो श्रम प्रतिष्ठा थी और श्रम से जुड़ा जो सम्मान था एक दृष्टि से उसका विलोप होता गया।

आज हम देखते हैं कि जिस पद्धति का ज्ञान एकीकरण है, प्रौद्योगिकीकरण की जो छाया है एक दृष्टि से आधुनिक सोच रखते हुए इसका स्वागत भी करना चाहिए। मगर वो नहीं हुआ, और आज श्रम की प्रतिष्ठा जो ग्रामीण जीवन का मूलाधार थी वो चली गई। जितने भी हस्तकला के क्षेत्र से जुड़े हमारे कारीगर थे उनकी कला को उतनी प्रतिष्ठा नहीं मिली। आज कई प्रकार के प्रिंटर जैसे टेलीप्रिंटर आदि की व्यवस्थाएँ आई हैं, मगर जब ये नहीं थीं उस जमाने में एक तरीके की कला वस्तु का जो निर्माण करते थे, वे अपनी मेहनत से करते थे। मैं मानता हूँ कि श्रम प्रतिष्ठा के प्रति उनकी आंतरिक स्वीकार्यता, उसके केन्द्र में थी। उसके कारण यहाँ पर लखनऊ और इस परिसर में हम देखते हैं कि 'बोन आर्ट' कितनी बढ़िया कला है। प्राणियों की हड्डियों को एक कला वस्तु का रूप देते हुए कार्य करना कोई साधारण नहीं है। हमारे हस्तकरघों में भी ग्रामीण कला शक्ति को देखा जा सकता है। टेक्सटाइल में, लकड़ी के कामों में, और धातुओं के सन्दर्भ में भी यही स्थिति है।

इन सारे विषयों में श्रम पद्धति की प्रतिष्ठा का एक महत्त्व था लेकिन व्यक्तिगत, पारिवारिक और सार्वजनिक जीवन से श्रम प्रतिष्ठा एक दृष्टि से निरस्त होती गई। एक बात मैं मानता हूँ कि श्रम के अवसान का हमें सामना करना पड़ा। दूसरा बिन्दु वह है जिसके कारण ग्रामीण अंचलों में जैसा कि मैंने कहा कि विकृतियों का निर्माण होता गया। धीरे-धीरे उसका हमारी ग्रामीण दुनिया में विचरण होता गया। टेलीविजन ग्रामीण अंचलों में गया, स्मार्टफोन भी ग्रामीण अंचलों में गया। यह ठीक है कि तकनीकी उपलब्धियों से, प्रौद्योगिकी से हम कृषि समाज को निर्लिप्त नहीं रख सकते। ये बात भी सही है कि उसके लिए कोई पाबंदी लाओ, संविधान संशोधन करो, यह उसका उपाय नहीं है। उसका उपाय है प्रबोधन के माध्यम से उसका एक डिफेंस मैकेनिज्म निर्मित करना। मगर वो नहीं किया गया और इसके चलते

चकाचौंध फिल्में, हमारे बॉलीवुड की बहुत आकर्षक फिल्मों के माध्यम से ग्रामांचलों तक पहुँची। इन फिल्मों के कुछ अनुकूल परिणाम भी हुए हैं। मैं कटघरे में खड़ा करने की मानसिकता से यहाँ नहीं बोल रहा हूँ। मगर ये होता है, जो चमकता है वो आकर्षक है। वो हमें अपनी ओर खींचता है। इस तरीके की एक धारा बन गई। शहरों के प्रति एक आकर्षण बनता गया, और आभासी दुनिया में हम खोते चले गए। ग्रामीण अंचलों में हमारे देहातों में उनके छोटे होने के कारण एक पारदर्शी जीवन होता था। किसी के घर का नौजवान लड़का तम्बाकू खाने लगा है ये एक प्राइवेसी का विषय नहीं था। अभी आज के जमाने में, कोई बोलेगा कि यह उसका निजी मामला है आपको क्या आपत्ति है? वैसे आपत्ति कानूनन होनी भी नहीं चाहिए। मगर आखिर इस तरीके की जो बातें हैं, गलत आदतें हैं उनके प्रति समाज की जिम्मेदारी है। शहरों में आए दिन कोई भी कुछ भी करे किसी को पता नहीं चलता, किसी को कोई मतलब भी नहीं है क्योंकि शहरों में निजता की कल्पना चलती है। इसके कारण एक प्रकार के कन्फ्यूजन की स्थिति बनती चली गई और ग्रामीण अंचल के रहने वाले लोग भी जब पूरा दिन शहरों में बिताते थे, तब वे केवल शहरों में रहते नहीं थे बल्कि शहरों की गंदगी भी अपने साथ गाँव में लाते थे। और यह क्रम चलता रहा। ग्रामीण अंचलों में अब हम कौन है, जो हमने आरम्भ में ही विस्मरण की बात कही, उनके रहते हुए हम कौन हैं, का बोध समाप्त होता गया।

हमारे ग्रामीण अंचलों में अभी तक कुछ परिवार संयुक्त हैं। संयुक्त परिवार अच्छा है पहले का या एकल परिवार अच्छा है, इसके बारे में हम नहीं जानते। उसके बारे में अलग अध्ययन हो सकता है। अलग-अलग धारणाएँ हो सकती हैं। दोनों के पक्ष में बिन्दु रखे जा सकते हैं। मगर संयुक्त परिवार के कारण घर के ही अन्दर सुरक्षात्मक माहौल बनता है। जो नाना-नानी हैं, दादा-दादी हैं, चाचा-चाची हैं, सब मिलजुल कर रहते हैं तो वे एक-दूसरे के ऊपर एक सकारात्मक दबाव भी निर्मित करते हैं। इसमें कुछ नकारात्मक भी हो सकता है लेकिन मैं सकारात्मकता की बात करता हूँ। वो

संयुक्त परिवार पद्धति गाँवों में विभक्त हुई। इस विभाजन को महिमामंडित भी किया गया। जब खेत बँटे तो घर भी बँटे। और इसके कारण मैं मानता हूँ कि बहुत सारी विकृतियों के लिए रास्ते धीरे-धीरे प्रशस्त होते गए। ऐसे में यह जरूरी था कि एक प्रबोधक हमारे देश में होता जो इन विकृतियों के प्रति लोगों को सजग करता। वैसे भी संतों-महात्माओं की एक सजीव एवं सशक्त परम्परा है, जो लोक अध्यात्म के आधार पर आगे बढ़ रही है। लोक अध्यात्म शब्द मैं इसलिए उपयोग में ला रहा हूँ, जैसे संत कबीर या महाराष्ट्र में संत तुकाराम जी महाराज। ये ऐसे संत कवि थे जो लोकधारा में अपनी आध्यात्मिक बातों को एक शिक्षा के रूप में, एक प्रबोधन के रूप में लोगों तक ले आए। ऐसा नहीं है कि दुनिया में या भारत में संतों की कुछ कमी है। बड़े अच्छे संत, सम्मान युक्त संत और महंत आज भी मौजूद हैं। मगर कहीं न कहीं मेरा अपना आकलन है कि ये संत-महंत भी काफी शहरी होते गए।

ग्रामीण अंचलों में मुझे लगता है कि पंडोल अठावले महाराष्ट्र के एक संत आध्यात्मिक नेता थे, जिन्होंने महाराष्ट्र के मछुआरों पर बहुत काम किया है। और भी होंगे पर मेरी सीमित जानकारी में अठावले के अलावा इस तरीके से जो ग्रामीण अंचलों के साथ खुद को आइडेंटिफाई करता है, उनके अन्दर प्रबोधन का वो दीप जलाता है, उनसे कहता है सही क्या है गलत क्या है, ऐसा विचरण ठीक है, ऐसा आचरण ठीक नहीं है, उनकी आर्थिक, सामाजिक सारी विपदाओं की जो चिन्ता करता है, और प्रबोधन के माध्यम से जो एक कार्य का विस्तार करता है, ऐसे संत शायद अन्य प्रदेशों में बहुत ज्यादा संख्या में नहीं हैं, और उसके कारण ही एक दृष्टि से ग्रामीण अंचलों में ये सामाजिक विकृतियाँ फैल गईं, सांस्कृतिक गिरावट आई। प्रबोधन की कमी एक तीसरा महत्त्वपूर्ण कारण है ग्रामीण अंचलों के जीवन में गिरावट के लिए। इसी के साथ-साथ एक झूठी प्रतिष्ठा का भी बड़ा दबाव ग्रामीण अंचलों पर रहा। हम सब जानते हैं कि किसानों के कर्जों को लेकर कई सारी समस्याएँ हैं। उनकी एक जड़ किसान के अपने गाँव में रहते हुए यह है कि अपने घर में कोई दुर्घटना हो गई, किसी की मृत्यु हो गई तो उसके बाद

दसवाँ, बारहवाँ दिन करना, पूरे गाँव को भोजन कराना आदि का भी एक दबाव रहता है। उस दबाव के चलते भी देखते-देखते कई घर उजड़ गए। कई घरों में तो विपदा की स्थिति आ गई। घरों के अन्दर, जिसके कारण ये झूठी प्रतिष्ठा है, उसने उस घर का जो आर्थिक, सामाजिक स्वास्थ्य है एक दृष्टि से समाप्त कर दिया, और इसलिए यहाँ भी प्रबोधन की आवश्यकता है। यहाँ भी कोई आध्यात्मिक नेता उन्हें बताता कि (राजनीतिक नेताओं और सामाजिक नेताओं की तो वो हैसियत रही नहीं) ये सही है, ये गलत है। ऐसा करना चाहिए, ऐसा नहीं करना चाहिए। लेकिन ऐसा कहने के लिए शायद कोई सामने नहीं आया, यह भी एक चिन्तनीय और महत्त्वपूर्ण पहलू है, जो ग्रामीण जीवन के नवसंजीवनीकरण की चर्चा करते समय हमें ध्यान में रखना चाहिए। महाराष्ट्र में कुछ एक साल पहले, लगभग 10 साल पहले कुछ सामाजिक कार्यकर्ताओं ने एक आँकड़ा किसानों की आत्महत्याओं के विषय को लेकर कई जगह से निकाला और दक्षिण महाराष्ट्र से विदर्भ तक के हर गाँव में जाकर एक निष्कर्ष निकालने की कोशिश की। दोनों प्रयासों से जो निष्कर्ष निकले उनको आपसे साझा करने की मैं कोशिश कर रहा हूँ।

जिस संस्था से मैं जुड़ा हूँ, रामभाऊ महालक्ष्मी प्रबोधनी, उसने 'अन्नदाता सुखी भव' नाम का एक प्रोजेक्ट लिया था, जिसमें हमने किसानों की जो पत्नियाँ विधवा हैं, उन्हें लिया। ऐसी विधवा महिलाओं के साथ बैठकर, उनका प्रबोधन करते हुए और उनकी परिस्थितियों को समझते हुए हमने उनका सम्बल बढ़ाने की कोशिश की थी। फिर 'अन्नदाता सुखी भव' नामक प्रोजेक्ट में लगभग 400-450 महिलाओं से हमने सम्पर्क किया, और ये जो यात्रा चली ग्रामीण अंचलों के यथागत आकलन बनाने के लिए, उसमें इन दोनों के जो निष्कर्ष थे लगभग समान थे। पहला निष्कर्ष था कि ग्रामीण अंचलों में लगभग सारी ग्रामीण जीवन की जो संस्थाएँ हैं वो सब समाप्त हो गई हैं। केवल एक संस्था अभी भी जीवित है वो है कीर्तन और प्रवचन। आध्यात्मिक लोग जो मंदिरों में जाकर कीर्तन और प्रवचन करते और सुनते हैं, उनके प्रति लोगों का विश्वास अभी भी बरकरार है। दूसरा,

'हमारे अन्नदाता सुखी भव' में हमने जो आकलन किया उससे यह पाया कि किसान के लिए जो आत्महत्या की स्थिति आई है, उसके दर्जनों कारण हैं। मगर एक कारण यह भी है कि किसानों का जो आपसी सरोकार है वह खत्म हुआ है। मान लीजिए एक किसान है। उसके यहाँ खाद की कमी के कारण, किल्लत के कारण वो जरा भी खाद नहीं दे पाया तो एक जमाना था कि लोग किसी से उधार में खाद ले लेते थे। केवल खाद ही नहीं पैसा भी ले लेते थे। गाँव का मुखिया या गाँव के जो विशिष्ट जन हैं, वे ऐसे किसानों से पूछताछ भी करते थे। गाँव में आना-जाना भी होता था। घरों में ऐसे ही बेवजह भी जाने की एक पद्धति थी।

मगर शहरों में जैसे ये बेवजह किसी के घर जाना समाप्त हो गया, दुर्भाग्यवश ग्रामीण अंचलों में भी यह प्रवृत्ति फैल गई। हमारी संस्था की परियोजना के तहत अधिकांश महिलाओं ने मुझसे कहा कि हम अकेली महसूस करती हैं। ऐसी विपदा हम पर जब आई तो उस समय तो हमें लोगों ने थोड़ा सहयोग दिया लेकिन बाद में न कोई हमारे बारे में पूछता है न कोई हमारी चिन्ता करता है। ये ग्रामीण जीवन का शहरीकरण है। इस मानसिकता से सारे ग्राम क्या शहर बन गए हैं? क्या उसी संकीर्णता में हम खोए हुए हैं? क्या हम विभिन्न आइलैंड्स पर रह रहे हैं? सोचने के लिए मजबूर करने वाले ये सारे सवाल हैं। इसी के साथ-साथ एक और धारा, जिसकी मैं मानता हूँ उपेक्षा की गई है और वो उपेक्षा है खेती पूरक उद्यमिता का विकास। गाँवों में उद्यमिता के नए-नए प्रयास होने जरूरी थे। उसके बारे में एक उपेक्षा का भाव निर्माण हुआ।

इतने बड़े कृषि वैज्ञानिक हैं, कृषि अर्थशास्त्री हैं, नीति निर्धारक हैं, कई बार मैं हैरान होता हूँ कि इनको यह समझना क्या इतना कठिन था कि पाँच एकड़ के मालिक किसान के तीन बेटों में जब उसकी खेती का बँटवारा होगा तो महज डेढ़-पौने दो एकड़ जमीन हरेक हिस्से आएगी। ऐसे में हरेक बेटा बहुत ही मार्जिनल किसान बन जाएगा। यदि उसको मुनाफा पाना है तो उसके लिए उसे कोई और काम भी करना पड़ेगा, और इसलिए उसको प्रशिक्षण

देना, उसको इंपावर करना, उस समस्या के लिए तैयार करना जरूरी है। यह हो सकता है एक तो प्रबोधन के माध्यम से, दूसरी ओर कुशलता के अर्जन के माध्यम से। मगर आज कहीं भी मुझे ये होता दिखाई नहीं देता। मतलब एक ओर हमारे ग्रामीण अंचलों में काम करने वाले, जिनको हम कारीगर कहते हैं, कारपेंटर कहते हैं, लोहार, सुनार, धातु का काम करने वाले अन्यान्य लोग, गाड़ी के पहिए बनाने वाले लोग, इनकी अवस्था विकट हो गई है। ऐसा नहीं है कि उनके काम कम महत्त्व के हो गए हैं। उनको रियायत देकर कच्चा पदार्थ, सामान उपलब्ध कराने की जरूरत थी, और मान लीजिए कि अगर उनके काम कुछ मात्रा में कम महत्त्वपूर्ण हो भी गए तो नए कार्यों के निर्माण होते। उनको भी कारीगरी का प्रशिक्षण नई पद्धति से दिया जाना जरूरी था। जैसे मधुमक्खी पालन या हर्बल खेती जैसे कार्यों से उन्हें जोड़ना था। अन्यान्य पद्धति से हमारे यहाँ महाराष्ट्र में एग्रीकल्चर टूरिज्म का बहुत अच्छा प्रयोग किया गया है। मुम्बई-पुणे के अन्यान्य शहरों के महानगरीय जीवन के साथ बिलकुल संलग्न रूप से जुड़े कुछ ऐसे लोग हैं, जिनको एक दिन ग्रामीण अंचलों में जाना और पेड़ के नीचे बैठकर रोटी और दाल खाना या भैंस के पीठ पर बैठकर तालाब का चक्कर लगाना बहुत पसन्द है और आनन्द का विषय है।

इस तरह का एग्रीकल्चर टूरिज्म विकसित किया गया है। उसके लिए किसी रॉकेट साइंस की जरूरत नहीं थी। उसके लिए एक सोच बनना जरूरी था और बदले हुए वातावरण का तकाजा समझने की आवश्यकता थी। वो अगर होता था तो ग्रामीण जीवन के लिए खेती की पूरक, खेती की सहयोगी ऐसी जो उद्यमिता है, उसका विकास कोई मुश्किल नहीं होता। लेकिन मुझे लगता है दुर्भाग्यवश उसकी भी उपेक्षा हुई। आज जब हम इस पूरी परिस्थिति के सन्दर्भ में सोचते हैं तो इन विकृतियों के और भी भ्रष्टस्वरूप सामने आते हैं। जैसे, ग्रामीण अंचलों की भी एक आइडेंटिटी होती रही है। वो तो समाप्त होती गई। मगर जो विकृति आई उसका चुनावी राजनीति के लिए बहुत बड़ा उपयोग कर लिया गया और आज भी किया जा रहा है।

कई बड़े-बड़े नेता हैं, वो कहते हैं कि मैं तो देहात का हूँ। वैसे देहात से उनका सम्बन्ध टूटे कई बरस हो गए। मगर देहात का कहना ये पॉलिटिकल कैरेक्टर का तकाजा हो गया और वहीं पर वे सीमित हो गए। क्या वाकई देहातों के साथ उनका कोई रिश्ता बचा है? या यह कहना भावनात्मक रिश्ता बचा है? ऐसा शायद नहीं है। मगर इसके कारण चर्चा में देहात तो आया, मगर देहात के लिए काम नहीं हुआ। सत्ता में बैठे लोग कई बार विशेष रूप में सरकारी अधिकारी देहात से आइडेंटिफाई होना नहीं चाहते। उसके कारण भी यह समस्या देखने को मिलती है। घरों में भी शहरीकरण घुसता गया। जैसा कि मैंने उदाहरण दिया। अभी हमारे यहाँ के बहुत अच्छे कृषि अर्थशास्त्री जिन्होंने पानी के विषय में बहुत अच्छा काम किया था विलास राव जी, उन्होंने एक बार कहा था कि 'अगर आप शहर वाले ये मानते हैं कि यदि आप एक सेब रोज खाते हैं तो डॉक्टर को दूर रखते हैं तो ये गलत है। ये सही नहीं है। जहाँ सेब बनता है, हिमाचल में तो ये बात सही है, मगर मुम्बई में आप सेब खाओगे तो आप डॉक्टर के समीप जाओगे।'

ये विडम्बना है। मगर हमने तय किया कि नहीं भाई हम ऑस्ट्रेलिया के फल खाते हैं। कई देशों का उत्पाद हम मंगाकर खाते हैं। हम ग्लोबल बन गए हैं। यह कोई गलत उस रूप में नहीं है। मैं उसका विरोधी भी नहीं हूँ। मगर जो आपकी सेहत के लिए, आपके स्वास्थ्य के लिए जरूरी था वो क्या था? वो यह था कि 200 किलोमीटर की परिधि में जो उगता है वही आपके स्वास्थ्य के लिए अच्छा होता है। उसमें ऊपर के लोग बोलेंगे कि यहाँ कुछ भी उगाया जा सकता है और ये सही भी है। मगर जमीन की जो प्रकृति है, वायुमंडल की जो दशा है, उसके आधार पर आपकी और आहार की स्थिति तय होनी चाहिए। उसको हमने नकार दिया। आज ग्रामीण अंचलों में भी पिज्जा हट की दुकानें चलती हैं, और आटे की रोटी खाने के बजाय पिज्जा खाने में उनको आनन्द आता है। अब ये गलत है, ऐसा हम कैसे कहें? इसलिए इस पर प्रश्नचिह्न नहीं खड़ा किया जा सकता।

हमारे यहाँ आज से 20 साल पहले एक चर्चा बहुत हुई। वो यह थी

कि पहली कक्षा से ही अंग्रेजी माध्यम में पढ़ाई होनी चाहिए तो मराठी भाषी लोगों ने इसका विरोध भी किया। ऐसे में ग्रामीण अंचलों का प्रतिनिधित्व करने वाले कुछ नेताओं ने कुछ प्रामाणिकता से कुछ राजनीति से प्रेरित हो, दोनों हो सकता है, ये कहा कि 'आपके लड़के तो अंग्रेजी गला फाड़-फाड़ के बोल रहे हैं। अब हमारे बच्चे पहली से अंग्रेजी सीखना प्रारम्भ कर रहे हैं तो आपको मराठी के प्रति बड़ा प्रेम आ रहा है।' सही है, दायित्व तो हमारा ही है, हम ही गलत रास्ते पर हैं और गलत रास्ता है ये हमें ध्यान में आया तब कोई कहेगा—'भइया आपने तो चख लिया स्वाद, अब हमें भी चख लेने दीजिए।' तो आमजन और बहुजन का एक नया विवाद, बखेड़ा खड़ा हुआ जो शायद सही नहीं था। त्योहारों में हम लोगों का स्वागत करते हैं, जमीन पर बैठ कर खाना खाते हैं। कई शरीर विज्ञान के लोग भी कहते हैं कि जमीन पर बैठने की हमारी आदत ही समाप्त हो गई, जो शायद एक गलत परम्परा की शुरुआत है। आज हमारे पैरों को लेकर जितनी सारी समस्याएँ आ रही हैं, उनका एक कारण ये है कि हम कुर्सी पर ही बैठते हैं, मेज पर बैठते हैं, भोजन भी ऊपर, सारी गतिविधियाँ ऊपर, जमीन पर बैठते ही नहीं जो ग्रामीण अंचलों में था। अब वहाँ भी डाइनिंग टेबुल आ गए हैं।

यह मैं आधुनिकता के स्वर के विरोध में या उसकी धारा को कुंद करने के लिए नहीं कह रहा हूँ। ये सारी चुनौतियाँ हैं। इनका सामना हमें कहीं न कहीं, कभी न कभी तो करना ही पड़ेगा। इनकी ओर विनम्रता से मैं आपका ध्यान आकर्षित कर रहा हूँ। मुझे लगता है कि इन सारी परिस्थितियों में एक हमारी ग्रामीण अंचल की जो सामूहिक अस्मिता थी उसका ह्रास होते-होते, चुनावी राजनीति के कारण हमारी जातिगत अस्मिताएँ और प्रबल होती गईं। आज जो चुनाव प्रबन्धन के ठेके लिये जाते हैं, उनमें बताया जाता है कि फलानी बस्ती में ब्राह्मण ज्यादा हैं या यादव ज्यादा हैं, और उनका टेलीफोन नम्बर क्या है, उनका मुखिया कौन है। विकृति जिस पद्धति से आती रही है यह उसका एक स्वरूप है। भाईचारे का अभाव है। एक इमोशनल माइग्रेशन हुआ है। मैंने आपकी किताब का वो शीर्षक पढ़ा था। मुझे लगा कि हमारे

समाज में एक इमोशनल माइग्रेशन हो रहा है। देह कहीं और है, मन कहीं और भटक रहा है। शायद शहरों में भटक रहा है। इस तरीके की जो ये सारी अवस्था आज हावी है, मैं मानता हूँ कि उस पर समाजविज्ञान के एक छात्र के रूप में हम सभी को ध्यान भी देना चाहिए, और उसके बारे में कुछ न कुछ सोचना चाहिए। अन्तिम केवल एक बात कि आखिर गरीबी की व्याख्या क्या है ग्रामीण अंचलों में? गरीबी की व्याख्या में एक छात्र के नाते मुझे लगता है कि गरीब यानी निर्धन परिभाषा जैसा नहीं है। गरीब यानी वंचित ये भी शायद अधूरी व्याख्या है। गरीब वो है जो अपने अन्याय के विरोध में अपना हक माँगने की क्षमता नहीं रखता है। जिसको ये लगता है कि अन्याय तो होता ही रहेगा। मैं समझता हूँ कि ये भावना गरीबी को आज के सन्दर्भ में व्याख्यायित करती है, और इसलिए क्योंकि भूख से लेकर दरिद्रता भी कम हुई है, और शिक्षा की मात्रा भी बढ़ी है, फिर भी ग्रामीण अंचलों के जो प्रश्न हैं मैं मानता हूँ कि पूरे तरीके से हम उन्हें समाधान की ओर नहीं ले जा पाए। जब मैं पढ़ रहा था, राष्ट्रकवि मैथिलीशरण गुप्त की एक कविता ग्रामीण अंचलों का बहुत सुन्दर और एक दृष्टि से बहुत रोमांटिक वर्णन करने वाली मेरे सामने आई। मैं उसको इसलिए अन्तिम चरण में लिख रहा हूँ कि कहाँ से हम निकले थे, और कहाँ तक गए हैं, इसका हिसाब हम सभी के मन में है, उसी को शब्दों में राष्ट्रकवि मैथिलीशरण गुप्त कहते हैं—

अहा ग्राम्य जीवन भी क्या है,
क्यों न इसे सबका मन चाहे,
थोड़े में निर्वाह यहाँ है,
ऐसी सुविधा और कहाँ है?
यहाँ शहर की बात नहीं है,
अपनी-अपनी घात नहीं है,
आडम्बर का नाम नहीं है,
अनाचार का नाम नहीं है।

यहाँ गटकते चोर नहीं हैं,
तरह-तरह के शोर नहीं हैं,
सीधे-साधे भोले-भाले,
हैं ग्रामीण मनुष्य निराले।

ये निरालापन कैसे बरकरार रहेगा? मैं मानता हूँ कि ग्रामीण पुनर्संजीवन का एक सन्दर्भ इस निरालेपन से है।

बहुत-बहुत धन्यवाद।

विस्मृति के विरुद्ध स्मृति
गोपीनाथ कविराज का ज्ञान संसार

राधा बल्लभ त्रिपाठी

गोपीनाथ कविराज भारतीय संस्कृति तथा तंत्रागमों के अनुशीलन में अपने अप्रतिम योगदान के लिए चिरस्मरणीय हैं। उन्होंने अपने अध्ययन का आत्मज्ञान के लिए उपयोग किया।

गोपीनाथ कविराज का जन्म 7 सितम्बर, 1887 में वर्तमान बांग्लादेश के ढाका जिले के एक गाँव धमराई में हुआ। गोपीनाथ के जन्म के पाँच महीने पहले उनके पिता वैकुंठनाथ, जो कलकत्ता में एम.ए. के छात्र थे, चल बसे। अनाथ गोपीनाथ का लालन-पालन उनके एक रिश्तेदार कालाचाँद सान्याल ने किया। कालाचाँद के कोई संतान न थी, उनका गोपीनाथ पर बड़ा स्नेह था, और उन्होंने तय कर लिया था कि अपनी जमीन-जायदाद गोपीनाथ के नाम कर देंगे। लालची रिश्तेदारों ने उनकी हत्या कर दी, और गोपीनाथ फिर अनाथ हो गए। माँ उनके साथ थीं। गोपीनाथ अध्ययन के लिए घर-गाँव छोड़ कर ढाका, कलकत्ता, जयपुर और काशी की खाक छानते रहे। माँ अकेली बेटे की चिन्ता में गाँव में खटती रही। गोपीनाथ की जीवनयात्रा और सारस्वत साधना में कहीं न कहीं उनकी माँ अनवरत रूप से उपस्थित रही हैं।

भगवतीप्रसाद सिंह की 'एक मनीषी की लोकयात्रा' कविराज जी के जीवन, व्यक्तित्व और अवदान का अध्ययन है। भगवतीप्रसाद सिंह ने उनकी माँ पर नहीं के बराबर लिखा है। दरअसल जिस तरह डॉ. जॉनसन को बासवेल, प्रेमचन्द को उनके छोटे बेटे अमृतराय और शरदचन्द्र को विष्णु प्रभाकर जीवनीकार के रूप में प्राप्त हुए, वैसा जीवनीकार गोपीनाथ कविराज को नहीं मिला। भगवतीप्रसाद सिंह की पुस्तक उनके जीवन के उत्तरार्ध की घटनाओं, उनके साथ हुए वार्तालापों, और उनके पत्रों का बहुत अच्छा दस्तावेज है, पर वह गोपीनाथ जी के अन्त:संसार में प्रवेश कर के उनके अनुभव और सोच-समझ के विकास का आकलन नहीं बन सकी है।

जीवन के उत्तरार्ध में कविराज जी जिस स्तर पर जी रहे थे, उस में जीवनी लिखने का अर्थ कुछ अलग ही था। भगवतीप्रसाद सिंह जब उनकी जीवनी लिखने के संकल्प के साथ उनसे मिले तो कविराज जी ने उनको अपनी दृष्टि से जीवनी लिखने का मर्म इस तरह समझाया था—'जीवनी का अर्थ है—My picture in the hands of divine—ईश्वर के हाथ में रख दी गई मेरी तसवीर। जीवन की छोटी से छोटी घटना में कोई न कोई रहस्य छिपा होता है।' (एक मनीषी की लोकयात्रा : 8)

उस समय गोपीनाथ एक अभेद्य आभामंडल में विराज चुके थे, जिसे भेद कर उनसे अन्तरंग होना माँ आनन्दमयी जैसे उसी स्तर के साधक को छोड़ कर अन्य किसी के लिए सम्भव न था। उनके पास श्रद्धा के सुमन लेकर ही पहुँचा जा सकता था। पर इतना तो भगवतीप्रसाद सिंह के द्वारा दिए गए विवरणों से आभास होता ही है कि युवा गोपीनाथ के भीतर माँ से दूर रह कर माँ के लिए कैसी ललक और चिन्ता रहती होगी। जैसे ही उन्हें नौकरी मिली और काशी में ठिकाना हो गया, गोपीनाथ जी ने पहला काम माँ को गाँव से लाकर साथ रखने का किया। तब से अपनी मृत्यु तक माँ उनके साथ थीं। आदि शंकराचार्य भी अपनी जिस माँ को पाँच साल की उम्र में गाँव में छोड़ कर संन्यासी बने, उसकी स्मृतियाँ अपने भीतर सँजोए रहे थे, और उन्हीं को सौन्दर्यलहरी और आनन्दलहरी जैसे अपने काव्यों में व्यक्त करते रहे थे। गोपीनाथ तांत्रिक

साधना में प्रवृत्त हुए, मातृशक्ति के उपासक बने—इसमें उनकी अपनी माँ का अवदान तो है ही।

प्राथमिक शिक्षा धमराई और कंठालिया में पूरी करके वे ढाका आ गए, जहाँ दसवीं कक्षा तक पढ़ाई कर के 1905 में 18 वर्ष की आयु में कलकत्ता विश्वविद्यालय की प्रवेश परीक्षा प्रथम श्रेणी में उत्तीर्ण की। बचपन में उन्होंने पाणिनीय व्याकरण के साथ पातंजल महाभाष्य का अध्ययन किया, ढाका के जुबलि ब्वॉय स्कूल में अध्ययन करते हुए इन्होंने अंग्रेजी साहित्य भी खूब पढ़ा, शेक्सपीयर के सारे नाटक, मिल्टन, बायरन, वड्सवर्थ आदि के सारे काव्यों से ये परिचित हुए। पर इसी समय मलेरिया ज्वर ने उन्हें आ घेरा और उनकी पढ़ाई में एक वर्ष का व्यवधान हो गया। रहस्यानुभूतियाँ उन्हें होती रहती थीं, बांग्ला में कविताएँ वे खूब लिखते थे।

आर्थिक समस्या मुँह बाये खड़ी थी, बंगाल की जलवायु स्वास्थ्य के अनुकूल नहीं लग रही थी। ऐसे में जयपुर के महाराजा कॉलेज की जानकारी मिली। जयपुर के दीवान संसारचन्द्र और महाविद्यालय के प्राचार्य संजीवन गांगुली बंगाल से थे। बंगदेश (आज के बांग्लादेश) ने गोपीनाथ को अनाथ कर दिया था, जयपुर शहर ने उन्हें अपनाया। 1500 किलोमीटर की यात्रा करके वे 1906 में जयपुर आए। हरप्रसाद शास्त्री के अनुज मेघनाद भट्टाचार्य यहाँ अध्यापक थे। नवकृष्ण राय अंग्रेजी पढ़ाते थे। इन सब से घरौपा हुआ। अध्यापकों का उन्हें बड़ा स्नेह और आसरा मिला। मेघनाद भट्टाचार्य महापंडित महामहोपाध्याय हरप्रसाद शास्त्री के छोटे भाई थे। इन्होंने और जयपुर के दीवान संसारचन्द्र ने गोपीनाथ की बड़ी मदद की। वड्सवर्थ की एक कविता 'दि वर्ल्ड इज टू मच विथ अस' की एक बार गोपीनाथ ने जैसी व्याख्या की, उससे नवकृष्ण राय चकित रह गए।

जयपुर में चार साल गोपीनाथ ने पढ़ाई की, और इलाहाबाद विश्वविद्यालय से 1910 में प्रथम श्रेणी में बी.ए. की डिग्री हासिल की। जयपुर उनकी ज्ञान पिपासा को बुझाने के लिए अखंड स्रोत बना। ढाका के विद्यालय में अध्ययन करते हुए उन्होंने बांग्ला में जो कविताएँ रची थीं, उनके भावुकतामय संसार

से वे यहाँ रह कर बाहर आए। महाराजा के पुस्तकालय का भरपूर उपयोग उन्होंने किया। तंत्र और दर्शन के ग्रंथों के उनके अध्ययन का अटूट सिलसिला यहीं से शुरू हुआ। इन विषयों पर केवल संस्कृत, अंग्रेजी और भारतीय भाषाओं के साहित्य का ही नहीं, ग्रीक, फ्रेंच, जर्मन और इटालियन भाषाओं का साहित्य भी अनुवाद के माध्यम से उन्होंने पढ़ डाला। यहीं से उनकी आश्चर्यजनक मेधा और स्मृति का भी पता चलने लगता है। यह पाया गया कि वे जो पढ़ते हैं, उसका सारा सन्दर्भ अचूक और प्रामाणिक रूप से तत्काल बता सकते हैं।

बी.ए. हो चुकने के बाद गोपीनाथ तेईस साल की उम्र में काशी आ गए। 1976 में 12 जून के दिन अपनी मृत्यु होने तक फिर वे काशी में रहे। काशी में वे 1910 में क्वींस कालेज के प्राचार्य डॉ. आर्थर वेनिस के शिष्य बने। वेनिस साहब की उन पर अपार अनुकंपा थी। उनकी सलाह पर ही गोपीनाथ ने स्नातकोत्तर अध्ययन के लिए प्राचीन भारतीय इतिहास, मुद्राशास्त्र और अभिलेखीय साहित्य को चुना। वेनिस साहब ने उनको संस्कृत के शास्त्रों का अलग से अध्ययन करने की भी सलाह दी। ब्रह्मसूत्र पर भामती टीका वेनिस स्वयं उन्हें पढ़ाते थे, न्यायदर्शन के ग्रंथों के अध्ययन के लिए गोपानाथ उस समय के दिग्गज पंडित महामहोपाध्याय वामाचरण भट्टाचार्य के पास जाते थे।

गोपीनाथ अपने आवास देवनाथपुरा से चल कर दो मील की दूरी पर दो बार महाविद्यालय जाते और आते। वेनिस साहब सुबह उन्हें अपने बंगले पर अभिलेखीय साहित्य पढ़ाते, दोपहर में ब्राउन साहब की कक्षा के लिए उन्हें कालेज फिर जाना पड़ता, जो जर्मन, फ्रेंच, पाली और प्राकृत भाषाएँ पढ़ाते थे। वामाचरण भट्टाचार्य जी के पास पढ़ने के अलावा वे अलग से भी जाते। 1911 में उन्होंने इलाहाबाद विश्वविद्यालय की एम.ए. पूर्वार्ध की परीक्षा दी।

इस अध्ययन के लिए शरीर को जितना कष्ट गोपीनाथ देते रहे, उसके लिए उनका शरीर बना नहीं था। नतीजतन परीक्षा होते ही उन्हें इलाज के लिए कलकत्ता आना पड़ा। कलकत्ता से वे पुरी चले गए। बीमारी ने ऐसा

घेरा कि अगले साल जून 1912 में ही काशी लौटना हो सका। अध्ययन में लगभग दो साल का अन्तराल हो गया। पर इसका एक सुपरिणाम यह हुआ कि आचार्य नरेन्द्रदेव, जो उनसे कनिष्ठ थे, उनके सहपाठी हो गए। कार्यक्षेत्र में दोनों बाद में एक-दूसरे से बहुत अलग हो गए, पर दोनों में उस समय जो स्नेहसम्बन्ध पनपा, वह बना रहा।

डॉ. वेनिस शिष्यवत्सल अध्यापक थे। लम्बी बीमारी के बाद गोपीनाथ को देख कर उन्हें अपने इस शिष्य की कठिनाइयों का आभास हुआ। उन्होंने छात्रावास में एक कमरा गोपीनाथ के नाम आवंटित कर दिया। अब गोपीनाथ की पढ़ाई अधिक सुविधाजनक स्थितियों में फिर से जारी हुई। एम.ए. उत्तरार्ध में उनके पर्चे बहुत अच्छे गए। मौखिक परीक्षा डॉ. वेनिस तथा युगपुरुष रामकृष्ण गोपाल भंडारकर के सुपुत्र डी.आर. भंडारकर ने ली। प्रथम श्रेणी में सर्वप्रथम स्थान प्राप्त करते हुए गोपीनाथ ने इलाहाबाद विश्वविद्यालय की एम.ए. की परीक्षा उत्तीर्ण की।

गर्मी की छुट्टियाँ बिताने के लिए गोपीनाथ नैनीताल में डॉ. वेनिस के साथ थे। डॉ. वेनिस ने उन्हें सलाह दी कि साधोलाल छात्रवृत्ति देने के लिए कृतज्ञताज्ञापन हेतु वे मुंशी माधोलाल से मिल लें, जो उस समय नैनीताल में ही थे। ठीक इसी समय गोपीनाथ को नौकरी के दो ऑफर तार से मिले—एक लाहौर कालेज का था, दूसरा महाराजा कालेज के प्राचार्य संजीवन गांगुली का। गांगुली जी ने उनसे अजमेर के मेयो कालेज में प्राध्यापक के पद पर तुरन्त कार्यभार ग्रहण करने का अनुरोध किया था। गोपीनाथ ने अपने गुरु डॉ. वेनिस से पूछा कि क्या करना चाहिए? वेनिस जी ने कहा—तुम्हें अभी कुछ वर्ष संस्कृत शास्त्रों पर शोधकार्य करना चाहिए। छात्रवृत्ति का भी आश्वासन डॉ. वेनिस ने उन्हें दिया। गोपीनाथ ने दोनों नौकरियों के प्रलोभन त्याग दिए।

डॉ. वेनिस के प्रभाव से उन्हें संस्कृत कालेज के सरस्वती भवन में में ग्रंथाध्यक्ष की नौकरी मिल गई। सरस्वती भवन हस्तलिखित ग्रंथागार के रूप में हाल ही में स्थापित हुआ था। गोपीनाथ कविराज ने छह वर्ष

(1914-1920) सरस्वती भवन में काम किया। इस अवधि में सरस्वती भवन गोपीनाथ कविराज का और गोपीनाथ कविराज सरस्वती भवन के पर्याय बन गए। वे एक ऐसे निराले ग्रंथाध्यक्ष थे, जिन्हें अपने ग्रंथागार की एक-एक पुस्तक की समग्र जानकारी थी। उन्होंने लाइब्रेरियन का काम करते हुए भारतीय विद्या के क्षेत्र में अनुसंधान और प्रकाशनों के द्वारा लाइब्रेरियन शब्द की नई परिभाषा ही रच दी। गोपीनाथ जी के बाद इस परिभाषा को चरितार्थ करने वाला दूसरा लाइब्रेरियन शायद ही कोई हुआ हो।

सरस्वती भवन के काम के अलावा गोपीनाथ अध्यापन भी करते रहे। गंगानाथ झा की सेवानिवृत्ति के बाद में संस्कृत कॉलेज के प्राचार्य नियुक्त किए गए। संस्कृत महाविद्यालय में प्राचार्य के पद के लिए एन.एस. दासगुप्ता भी उम्मीदवार थे, पर नियुक्ति कविराज जी की हुई। सत्रह वर्षों तक संस्कृत कालेज में प्राचार्य के रूप में सेवा करते हुए गोपानीथ 1937 में इससे सेवानिवृत्त हुए।

1964 में उत्तर प्रदेश सरकार ने नवस्थापित योगतंत्र विभाग के अध्यक्ष का दायित्व उन्हें सौंपने का निर्णय लिया। शिक्षामंत्री कमलापति त्रिपाठी ने स्वयं व्यक्तिगत रूप उनसे यह दायित्व स्वीकार करने का आग्रह किया। उन्हें छूट दी गई की वे विभाग का सारा काम अपने निवास से कर सकते हैं। 1964 से 1969 तक पाँच वर्ष गोपीनाथ ने इस पद पर कार्य करते हुए तंत्रशास्त्र के लुप्त ग्रंथों की छानबीन करके उनका सम्पादन और प्रकाशन किया।

1976 में 89 वर्ष की आयु में वाराणसी में वे दिवंगत हुए। महाप्रयाण के समय उनके मुख से 'माँ, माँ!'—यह पुकार निकली।

कविराज जी को दुख बहुत झेलने पड़े आजीवन। अनाथ जन्मे, युवावस्था तो संघर्ष करने में बीत गई। कुछ व्यवस्थित हुए, घर-बार बसा तो बड़े लड़के का निधन हो गया। कविराज अपनी पुत्रवधू और पौत्र की जिम्मेदारी निभाते रहे, बड़े होने पर पौत्र का विवाह किया। इस बीच माँ चल बसीं, फिर पत्नी भी साथ छोड़ गईं।

2

छात्रावस्था में ही उन्हें दिव्य अनुभूतियाँ होने लगीं थीं। बांग्ला भाषा में उनकी रहस्यवादी कविताओं में इनकी झलक मिलती है।

1906 में, जब कविराज 19 वर्ष के रहे होंगे, अरविन्द घोष कलकत्ता आए, और नेशनल कालेज के प्राचार्य बनाए गए। इसी अवधि में वे वन्देमातरम् नाम से पत्रिका का सम्पादन भी करते रहे। गोपीनाथ कविराज वन्देमातरम् के नियमित पाठक थे, वे अल्बर्ट म्यूजियम के मैदान में बैठ कर मित्रों के साथ राष्ट्रीय समस्याओं पर विचार-विमर्श करते। देशबन्धु चित्तरंजन दास तथा अन्य स्वाधीनता संग्राम से जुड़े नेताओं के लेखों से इनकी राष्ट्रीय भावधारा बलवती हो गई। यद्यपि स्वतंत्रता संग्राम में कविराज जी कभी सक्रिय नहीं हुए, पर उन्होंने जो भारतीय विद्या पर काम किया, वह राष्ट्र के सांस्कृतिक नवजागरण की भूमिका बनाने के लिए किया।

दिसम्बर 1906 में कलकत्ता कांग्रेस अधिवेशन के अध्यक्ष दादाभाई नौरोजी थे। गोपीनाथ जी राजस्थान के प्रतिनिधिमंडल के साथ इसमें भाग लेने के लिए कलकत्ता आए। नौरोजी के अतिरिक्त इसमें विपिन चन्द्र पाल, तिलक, लाल मोहन घोष, सुरेन्द्रनाथ बनर्जी आदि के साथ भी प्रतिनिधियों ने विमर्श किया। अरविन्द घोष की लेखमाला 'दि स्टोरी ऑफ अलीपुर जेल' एक पत्रिका में धारावाहिक छपी, जिसमें उन्होंने जेल में प्रथम वासुदेवदर्शन का वर्णन भी किया था। गोपीनाथ जी ने ब्रजेंद्रनाथ शील से इस लेखमाला तथा अरविन्द के वासुदेवदर्शन के विषय में विस्तार से चर्चा की। 1911 में नरेन्द्रदेव से सम्पर्क हुआ जो घनिष्ठ बनता गया।

क्वींस कालेज में अध्ययन करते समय वे क्रान्तिकारी शचींद्रनाथ सान्याल के सम्पर्क में रहे। दोनों में गहरी मित्रता हो गई। भारत का राजनैतिक ही नहीं, सांस्कृतिक और धार्मिक उद्धार भी आवश्यक है। शचींद्र के माध्यम से ही शशिभूषण सान्याल से उनका मिलना सम्भव हुआ।

जयपुर में उनका सम्पर्क चन्द्रधर शर्मा गुलेरी तथा पं. शिवराम से हुआ।

चन्द्रधर जी से अच्छी पटी, क्योंकि वे बांग्ला भी जानते थे, तथा बांग्ला के कतिपय ग्रंथों का हिन्दी अनुवाद कर चुके थे। उन्हीं के माध्यम से गोपीनाथ का परिचय गौरीशंकर हीराचन्द ओझा से हुआ।

भगवतीप्रसाद सिंह ने एक मनीषी की लोकयात्रा में लगभग पचास तांत्रिक साधकों, आध्यात्मिक विभूतियों, योगियों का वर्णन किया है, जिनके सम्पर्क में कविराज जी रहे। व्रजेंद्रनाथ शील अपने समय के दार्शनिक थे, वे कविराज जी के पिता के परम मित्र थे। दार्शनिकों में भगवानदास से उनका वर्षों तक सम्पर्क रहा। देवरहा बाबा से परोक्ष सम्पर्क उनका रहता था (वही : 424)। इन विभूतियों में बड़ा नाम स्वामी विशुद्धानन्द सरस्वती का है। 1918 में गोपीनाथ जी ने परमहंस स्वामी विशुद्धानन्द सरस्वती से दीक्षा ली। तब से वे तांत्रिक साधना निरन्तर करते रहे, पर अपने गुरु की तरह उन्होंने कभी अपनी सिद्धियों का और चमत्कारों का प्रदर्शन नहीं किया। 1928 में माता आनन्दमयी के सम्पर्क में वे आए।

उनके भक्तों, प्रशंसकों और शिष्यों ने उनके सान्निध्य में होने वाले अलौकिक अनुभवों का वर्णन किया है। गोपीनाथ जी ने स्वयं भी संकेत रूप में अपनी रहस्यानुभूतियों का जिक्र किया है। अपने गुरु विशुद्धानन्द के द्वारा नाभि से कमल निकाल कर दिखाने की घटना का वर्णन कविराज जी ने भी किया (वही : 127)। बम्बई से जबलपुर आते समय रेल में इनके कंपार्टमेंट में आग लग गई, आसपास के कूपे जल रहे थे, कविराज के कूपे तक आते आते आग स्वतः बुझ गई और उन्हें विदित भी नहीं हुआ। वे सो रहे थे।

चन्द्रशेखर स्वामी ने 1954 में उनसे शैव तथा शाक्त दर्शनों का अध्ययन किया, तथा 1964 में उनके मार्गदर्शन में साधना आरम्भ की। तदनंतर उन्हीं से इन्होंने अखंड महायोग की दीक्षा ली (अर्चास्मृति, अंग्रेजी खंड : 9)।

जीवन के अन्तिम सात वर्ष (1969-76) ये माता आनन्दमयी के आश्रम में रहे।

तांत्रिकसाधना और सारस्वतसाधना दोनों की जो सहवर्तिता गोपीनाथ जी ने अपने जीवन में निभाई, उसके उदाहरण कम ही मिलेंगे। वे जहाँ भी रहते,

वहीं उनका आश्रम और गुरुकुल बन जाता। देश भर से आए जिज्ञासुओं, शोधार्थियों और साधकों के मार्गदर्शन के लिए उनका निवास सदा खुला रहता। वे हर व्यक्ति को कहते कि कल आना। अगले दिन वे उसकी शंकाओं के समाधान के लिए अपने भीतर से अपने आपको तैयार कर चुके होते थे।

उनके निधन पर माँ आनन्दमयी ने कहा—'दूसरा गोपीनाथ कविराज नहीं होगा।' (अर्चास्मृति : 13)।

गोपीनाथ कविराज को 1934 में महामहोपाध्याय की उपाधि प्राप्त हुई, 1964 में वे पद्‌मविभूषण से अलंकृत हुए। इलाहाबाद, काशी हिन्दू वि.वि., दिल्ली वि.वि., नवनालंदा वि.वि. तथा सम्पूर्णानन्द संस्कृत वि.वि.—इन पाँच विश्वविद्यालयों ने उन्हें डी.लिट्. की ससम्मान उपाधि प्रदान की। एशियाटिक सोसायटी ने उन्हें रवींद्रनाथ पदक प्रदान किया। उनकी पुस्तक 'तांत्रिक वाङ्मय में शाक्त दृष्टि' को साहित्य अकादमी, नई दिल्ली ने साहित्य अकादेमी पुरस्कार दिया। अखिल भारतीय संस्कृत साहित्य परिषद, लखनऊ ने उनके सम्मान में ऋषिकल्पन्यास नाम से अभिनन्दन ग्रंथ प्रकाशित किया। इन सभी संस्थाओं के उपाधि वितरण समारोह या दीक्षांत समारोहों में कविराज नहीं गए, यहाँ तक कि कुलपति उनके घर पर अनुरोध करने आए कि आप मानद उपाधि स्वीकार करने के लिए दीक्षांत समारोह में पधारें, लेकिन कविराज अपने इस नियम पर अटल रहे कि कोई उपाधि लेने वे कहीं नहीं जाएँगे। लखनऊ में उनके अभिनन्दन ग्रंथ का लोकार्पण उनकी गैरमौजूदगी में उनका चित्र रख कर किया गया।

कविराज जी किसी भी उपाधि के लिए व्यक्तिगत रूप से भले न गए हों, पर पीएच.डी. की मौखिक परीक्षा लेने अवश्य जाते थे। किसी ने उनसे पूछा कि आप इतने सम्मान से दी जाने वाली उपाधियाँ लेने नहीं जाते, और पीएच.डी. की मौखिक परीक्षा लेने चले जाते हैं—ऐसा क्यों? उन्होंने कहा–'शोधार्थियों की मौखिक परीक्षा लेने अवश्य जाता हूँ क्योंकि उनके भविष्य का प्रश्न है।'

स्वामी विशुद्धानन्द के 1937 में निधन के पश्चात् उनके शिष्यों ने उनके आश्रम का सारा दायित्व सँभालने के लिए गोपीनाथ जी से बड़ा आग्रह किया, जिसे उन्होंने स्वीकार नहीं किया। वाराणसी आश्रम से 'विशुद्धवाणी' नाम से पत्रिका का सम्पादन वे अवश्य करते रहे।

उनकी असाधारण धारणा शक्ति की चर्चा करते हुए राजेश्वर शास्त्री द्रविड़ ने तो यहाँ तक लिखा है कि उन्होंने सरस्वती भवन पुस्तकालय के एक लाख ग्रंथों का अनुशीलन कर लिया था, और उन सब ग्रंथों का उनको मृत्युपर्यंत स्मरण भी था। (अर्चास्मृति : 2)।

3

कविराज जी ने हिन्दी, बांग्ला, अंग्रेजी तथा संस्कृत में विपुल साहित्य रचा। उनकी संस्कृत, हिन्दी, अंग्रेजी और बांग्ला में पुस्तकों व लेखों की सूची भगवतीप्रसाद सिंह की पुस्तक में पृष्ठ 53-87 (35 पृष्ठों में) है। चार भाषाओं में बराबर समान अधिकार से वे निरन्तर लिखते रहे संस्कृत., हिन्दी, बांग्ला और अंग्रेजी।

प्रिंसेस ऑफ वेल्स सरस्वती भवन टेक्स्ट्स, प्रिंसेस ऑफ वेल्स सरस्वती भवन स्टडीज तथा योगतंत्र सीरीज की शृंखलाओं का सम्पादन करके उन्होंने अनेक दुर्लभ पांडुलिपियों तथा अनुसंधानात्मक कृतियों का प्रकाशन किया। सिद्धों तथा नाथों की परम्परा पर कविराज का प्रवर्तक कार्य है। वे शैवदर्शन और शाक्तदर्शनों तथा इनसे जुड़ी धार्मिक परम्पराओं के भी प्रामाणिक व्याख्याकार हैं।

अनेक महत्त्वपूर्ण निबंधों तथा सम्पादित ग्रंथों के अलावा 'आस्पेक्ट्स ऑफ इंडियन थाट', 'बिब्लियोग्राफी ऑफ न्यायवैशेषिक लिटरेचर', 'भारतीय संस्कृति और साधना', 'तांत्रिक वाङ्मय में शाक्त दृष्टि', 'तांत्रिक साहित्य' तथा 'बिब्लियोग्राफी ऑफ तांत्रिक लिटरेचर', उनकी महत्त्वपूर्ण कृतियाँ हैं।

4

विविध सम्प्रदायों, साधनापद्धतियों तथा दर्शन और चिन्तन के प्रस्थानों में मूलभूत एकता का अनुसंधान कविराज जी की व्याख्यापद्धति की अपनी विशेषता है। जीवन और साधना में उन्होंने जो सामरस्य हासिल किया, उसे अपने अध्ययन और अनुसंधान में भी विनियुक्त किया। केवल शैव और शाक्त तंत्र ही नहीं, बौद्ध तथा जैन दर्शन और इस्लाम तथा यीशु धर्म की परम्पराओं का भी विवेचन उन्होंने इसी दृष्टि से किया।

जीवन और जगत् के नकार पर टिकी विचारधाराएँ उनके लिए अग्राह्य थीं, और वेदांत या सांख्य जैसे दर्शन भी अपने आप में अपूर्ण थे। उन्होंने अपनी साधनापद्धति विकसित की और एक परिपूर्ण जीवनदर्शन की परिकल्पना प्रस्तुत की, जिसे उन्होंने अखंड महायोग कहा। 1938 ई. से वे अखंड महायोग की साधना स्वयं करते रहे। अखंड महायोग को पूर्ण अद्वैतवाद भी कहा गया है। बुद्ध को भी कविराज ने अद्वैतवादी माना है। कविराज जी एक तरह के कट्टर अद्वैतवाद का प्रवर्तन करते हैं, जिसके सामने 'शंकर का ब्रह्माद्वैतवाद भी म्लान सा प्रतीत होता है', क्योंकि 'उसमें द्वैताभास वर्जित नहीं है' (कल्याण के शिवांक में प्रकाशित कविराज जी का लेख, पृ. 84)। इस दृष्टि से कविराज जी द्वैत भक्ति और अद्वैत भक्ति के तारतम्य का प्रतिपादन करते हैं। अद्वैत भक्ति अज्ञानमूलक द्वैतभक्ति से भिन्न है। वेदांत को पूर्ण नहीं माना, अखंड महायोग के पथ का आविष्कार किया। जगत् के नकार पर टिकी विचारधाराएँ उन्हें स्वीकार नहीं।

आगमसम्मत परामुक्ति ही पूर्णत्व है, सांख्य और वेदांत की मुक्ति में पूर्णता नहीं तंत्रालोक में जयरथ भी यही कहते हैं।

अखंड महायोग में साधना तथा मुक्ति की परिकल्पना दो भूमिकाओं पर की गई है—व्यष्टिसाधना तथा समष्टिसाधना और व्यक्ति की मुक्ति तथा समूह की मुक्ति। विश्वसृष्टि तथा मानवदेहसृष्टि में अभेद है। दोनों का साम्य योगसम्मत श्रीचक्र से है। श्रीचक्ररचना, विश्व की रचना तथा

मनुष्य की सृष्टि तत्त्वतः एक ही व्यापार है। परमसत्ता चिदानन्दरूपिणी अविकारी अनादि अनंत स्वप्रकाशरूपिणी है। वह शिवशक्ति के अभेद में अवस्थित है। वह जगत् का उपादान कारण भी है, और निमित्त कारण भी। शिव के रूप में वह निष्क्रिय और उदासीन है, शक्ति के रूप में विश्व की उपादान है। शक्ति संकोचप्रसारणशील तथा स्पंदमयी है। शिव शक्ति के बिना निस्पंद हैं, शक्ति शिव के बिना भी अवस्थित है। अग्नि और सोम इसी शक्ति के दो रूप हैं। अग्नि दुखमय है, सोम आनन्दमय। अग्नि विभक्त वस्तु को विभक्त करता चलता है, सोम अविभाग स्थापित करता है। अग्नि प्रकाश रूप है, सोम विमर्श रूप है। अग्नि का कार्य संहार है, सोम का कार्य सृष्टि। दोनों के साम्य की स्थिति सूर्य है। सृष्टि और संहार के मूल में अखंड सृष्टि ही सूर्य है।

चिच्छक्ति से हार्द नामक कला उत्पन्न होती है। सृष्टि के समस्त 36 तत्त्व कलामय हैं। सृष्टि का शक्ति में अभिन्न रूप से रहना बिन्दु की स्थिति है, विभक्तवत् प्रतिभास होना विसर्ग की स्थिति है।

चिच्छक्ति का प्रकाश अंश अंबिका तथा विमर्श अंश शांता कहलाता है। अंबिका के वामा, ज्येष्ठा तथा गौद्री ये तीन रूप हैं, शांता के इच्छा, ज्ञान और क्रिया ये तीन रूप हैं। समष्टिरूप में अंबिका और शांता एक हैं, व्यष्टि रूप में ये त्रिविध बिन्दु बनते हैं।

भोग और मोक्ष की साम्यावस्था ही मुक्ति है। भोक्ता का भोग से एकीभाव ही भोग भी है और मोक्ष भी, भोग की दशा में मुक्त होने-सा अनुभव हो तब मुक्ति कही जाएगी।

समष्टिरूप मूल बिंदु ही परावाक् है। यही परमात्मा या सदाशिव भी कहा जाता है। वामा और इच्छाशक्ति के सामरस्य में प्रकाशमान बिन्दु पश्यंती वाक् है, ज्येष्ठा और ज्ञान के सामरस्य में अवस्थित बिन्दु मध्यमा वाक् है, रौद्री और क्रिया के सामरस्य में अवस्थित बिन्दु वैखरी वाक् है। (शाक्तदृष्ट्या शक्तितत्त्वविमर्शः 154-55)। वाक् बिन्दु का कार्य है, परावाक् शब्दब्रह्म ही है। अभिनवगुप्त कहते हैं तंत्रालोक 10.256।

वे उपनिषदों में प्रोक्त विद्याओं को वैदिक धारा के तंत्र मानते हैं। इसी तरह बुद्ध के द्वारा प्रतिपादित आनापान की क्रिया का वे अजपा की क्रिया से साम्य स्थापित करते हैं (तांत्रिक साधना : 354)।

चन्द्रशेखर ने उनके अखंड महायोग के सिद्धांत की तुलना एक देवालय से की है। षड्दर्शन इसकी नींव है। शैव, शाक्त, वैष्णव तथा बौद्धदर्शन इसकी चार भित्तियाँ हैं। कविराज का समग्र दर्शन इसका शिखर या कलश है, तथा अखंड महायोग ही इस मंदिर का अधिष्ठातृदेव है। कविराज ने अपनी दीक्षापद्धति में गुरुमंडल की कल्पना की। अलग-अलग सिद्धों के भी अपने मंडल हैं, ये सिद्ध अपने शाक्तदेह में अवस्थित हैं, तथा साधकों का सूक्ष्म रूप से मार्गदर्शन करते हैं। खंड योग व्यक्तिगत साधना से सम्भव है, अखंड योग महाशक्ति की अनुकंपा से ही सम्भव है। खंड योग में व्यष्टिचैतन्य का ईश्वर से योग होता है, अखंड महायोग में समष्टि चैतन्य से भागवत चेतना में आत्यंतिक लय होता है।

अखंड योग में कविराज जी ने विश्व के रूपांतरण की परिकल्पना की। महाप्रकाश समष्टि देह, समष्टि प्राण, समष्टि मन को रूपांतरित करता है।

योग को परिभाषित करते हुए वे कहते हैं—"जैसे ही पराचेतना तथा जीव के बीच का आवरण हट जाता है, भास्वर तथा शाश्वतिक रूप से अपने अस्तित्व के प्रति सचेत आनन्दमय विशुद्ध चैतन्य व्यक्त हो जाता है, जिसमें इसके दोनों पक्ष चिरन्तन माधुर्य से अन्वित हो कर समवेत हो जाते हैं। वास्तविक अर्थ में यही योग है।

"भागवत अनुकंपा में ऐसी अनंत शक्ति है कि विषय, विषयी तथा प्रत्येक कर्म का माध्यम, ज्ञान की प्रक्रिया और आनन्द सब आत्मरूप में भी जाने जाने लगते हैं।

"जिस व्यक्ति में अपनी इच्छा को भीतर से परखने की अन्तर्दृष्टि है, उसी में उस भागवत इच्छा का आविष्कार करने की क्षमता सम्भव है, जिसमें वैश्विक व्यवस्था का स्रोत समाया हुआ है, जो वैयक्तिक अस्तित्व को परिचालित करता है। तब वह देख पाता है कि सामान्य इच्छा की तरह विशेष

इच्छा का केंद्रीय स्थान है। इस दृष्टि से ईश्वर उसे प्रेम और महाकरुणा के रूप में प्राप्त होते हैं और यही वैश्विक व्यवस्था की परिपूर्ति है।"[1]

"पूर्ण ब्रह्म अखंड रूप में अपने आप में विद्यमान है। उसका अनुभव करने के लिए योगी को कालराज्य का अतिक्रम करके उसमें प्रवेश करना पड़ता है। यह अत्यंत कठिन व्यापार है परन्तु सम्भव है, आवश्यक है कि आरोहण प्राप्त कर महाशक्ति के साथ अपना तादात्म्य स्थापित कर योगी महाप्रेम साधन के लिए अवतरण करे। इसमें बहुत गम्भीर रहस्य है, ...महाशक्ति से युक्त होकर महाप्रकाशरूप ब्रह्म में प्रविष्ट होने पर...उन्हें

---

1. "As soon as the barrier raised between the highest and he lower self is demolished, the pure self emerges as a radiant and eternally self aware existence of joy in which two aspects of its being appear as united in an eternal embrace of ineffable sweetness. This is Yoga in the truest sense of the word."

"Such is the infinite potency of Divine Grace that the subject, the Object and the instrument of every action, cognition and enjoyment are recognized as verily the Self."

"A man who has insight to see the behind his own will has the privilege of discovering in the Divine Will the hidden spring of cosmic laws which regulate individual existence . He sees clearly that like the general will , Special Will has its place in the centre. Looked at from this view point God will appear to him as love (prema) and compassion (mahakaruna) which is the fulfillment of law."

"As soon as the barrier raised between the highest and he lower self is demolished, the pure self emerges as a radiant and eternally self aware existence of joy in which two aspects of its being appear as united in an eternal embrace of ineffable sweetness. This is Yoga in the truest sense of the word."

"Such is the infinite potency of Divine Grace that the subject, the Object and the instrument of every action, cognition and enjoyment are recognized as verily the Self."

"A man who has insight to see the behind his own will has the privilege of discovering in the Divine Will the hidden spring of cosmic laws which regulate individual existence . He sees clearly that like the general will , Special Will has its place in the centre. Looked at from this view point God will appear to him as love (prema) and compassion (mahakaruna) which is the fulfillment of law." (सभी उद्धरण अर्चास्मृति से)

लौटना पड़ता है। इस अवतरण का उद्‌देश्य विशुद्ध प्रेम साधना है, यह प्रेम साधना मनुष्य लोक में होती है दिव्यलोक में नहीं।

"इस प्रकार का योग इस समयपर्यंत कभी नहीं हुआ, क्योंकि यह होने पर जगत् की इस प्रकार की स्थिति नहीं होती। इसी योग में अन्ततोगत्वा जगत् का वैविध्य रहने पर भी भेद नहीं रहता, एक की प्राप्ति से सब की प्राप्ति, चाहे पूर्ण रूप से हो या आंशिक रूप से तभी हो सकती है, जब समष्टि या महासमष्टि दृष्टि से सम्भव जगत् से तादात्म्य प्रतिष्ठित हो जाए।"

महायोग में समस् विक्षिप्त भावों का एक महाभाव में प्रतिष्ठित होना,शिव का शक्ति के साथ योग होना, आत्माओं का परस्पर योग होना, लोक और लोकोत्तर का परस्पर योग होना, सब तरह के अभावों का भावरूप में अखंड तत्त्व में विलय—यह गोपीनाथ जी के मत का सार है।

'एकं सद्विप्रा बहुधा वदन्ति' के मंत्र के अनुसार सभी भारतीय दर्शन इसी सत्य का निरूपण करते हैं। यहाँ तक कि सांख्य में भी पतंजलि के सूत्र—सत्त्वपुरुषयोः सिद्धिसाम्ये कैवल्यम्—के द्वारा प्रकृति के रूपांतरण को इंगित किया गया है।

शैवागम और शाक्तागम में अन्तर बताते हुए वे कहते हैं कि शैवागम के पितृभाव के स्थान पर शाक्तागम में मातृभाव कल्पित किया गया (शिवांक : 86)। दोनों में तत्त्वभेद नहीं, पद्धति भेद है। शक्ति ही अनंतर्मुख होने पर शिव है तथा शिव ही बहिर्मुख होने पर शक्ति हैं। दोनों की साम्यावस्था तत्त्वातीत 37वाँ तत्त्व है।

माँ का स्वरूप भावातीत है—महाभावस्वरूपिणी माँ अनंत प्रकारों से अनंत भावों के संगम और उद्गम होकर भी वास्तव में समस्त भावों के परे हैं। माँ के उस तुरीयातीत स्वरूप को कौन ग्रहण कर सकता है (गुरुप्रिया दीदी की पुस्तक 'माँ आनन्दमयी की भूमिका में कविराज जी', अर्चास्मृति : 25)।

गोपीनाथ कविराज का होना हमारे लिए विशेष अर्थ रखता है। वे एक ऐसे जीवनमुक्त के उदाहरण हैं, जो मुक्त रह कर भी लोकोपकार से विरत

नहीं हुए। उपनिषदों में ऐसे जीवनमुक्त के उदाहरण राजा जनक विदेह कहे गए हैं। नरसिंह राव लिखते हैं—"पंडित गोपीनाथ कविराज ने हमें दिखा दिया कि आध्यात्मिक परिपूर्णता की प्राप्ति के लिए मनुष्य को कैसे जीवन बिताना चाहिए, उन्होंने आध्यात्मिक प्रतीति के आलोक में अपना जीवन बिताया। भौतिक संसार की सीमाओं को वे समझते थे, पर इसे उन्होंने त्याज्य नहीं समझा। इसके विपरीत जो कोई भी उनके पास जाता, उसे वे सर्वोच्च आध्यात्मिक इसी संसार में रह कर सत्य का पथ दिखाते रहे।"[1]

सन्दर्भ

गोपीनाथ कविराज का साहित्य

तांत्रिक वाङ्मय में शाक्त दृष्टि—बिहार राष्ट्रभाषा परिषद्, पटना, 1963

भारतीय संस्कृति और साधना दो भाग वही, 1963, 1964

तांत्रिक साधना और सिद्धांत, वही, 2000

तांत्रिक साहित्य, हिन्दी समिति लखनऊ, 1972

शाक्तदृष्ट्या सृष्टितत्त्वविमर्शः –सागरिका त्रैमासिक 1.2, पृ. 150-55

सहायक ग्रंथ

जयदेव सिंह तथा अन्य—अर्चा स्मृति, महामहोपाध्याय गोपीनाथ कविराज शताब्दी समारोह समिति, माता आनन्दमयी आश्रम, वाराणसी, 1986

भगवतीप्रसाद सिंह—एक मनीषी की लोकयात्रा, विश्वविद्यालय प्रकाशन, वाराणसी, 1987

---

1. "Pandit Kaviraj Showed to us how human life should be lived for the attainment of spiritual fulfillment, He lived his life in the light of spiritual conviction. He knew the limits of mundane life but did not reject it as something to be shunned. On the contrary he showed to whomsoever approached him the path to make it a means to attain the highest spiritual truth." (अर्चास्मृति में नरसिंहराव की भूमिका)

परिशिष्ट

संस्थान का परिचय

गोविन्द बल्लभ पन्त सामाजिक विज्ञान संस्थान, इलाहाबाद विश्वविद्यालय का संगठन संस्थान है। यह भारत में सामाजिक परिवर्तन व विकास के मुद्दों पर शोध करने वाला एक श्रेष्ठ संस्थान है। यह संस्थान ज्ञान उत्पादन के क्षेत्र में काम तो करता ही है, शोध से निकले ज्ञान को जीवन में परिवर्तन का स्रोत बनाने में भी विश्वास रखता है। शोध, शिक्षण एवं सामाजिक परिवर्तन में अपनी सहभागिता की प्रतिबद्धता प्रदर्शित करते संस्थान पिछले 40 वर्षों से उत्तर भारत के एक अग्रणी शोध संस्थान के रूप में सक्रिय है।

इस संस्थान में सामाजिक शोध में अंत:विषय परिप्रेक्ष्य एवं विकास एवं प्रबन्धन को दृढ़ संकल्प के साथ बढ़ावा दिया जाता है ताकि व्यापक एवं एकीकृत दृष्टिकोण के साथ राष्ट्र निर्माण में विकास, शिक्षा एवं सांस्कृतिक पक्ष पर काम हो सके। यह संस्थान समाज को ज्ञान और सहज बुद्धि का खजाना मानता है। संस्थान घुमंतू और विमुक्त समुदायों की भाषा और राजनीति, महिलाओं, अल्पसंख्यकों और आदिवासी समूहों की मजबूरियों और हसरतों, उनकी रोजमर्रा की कठिनाइयों के बारे में सोचता है। इस सोच को वह अपने शोध के माध्यम से बाहरी दुनिया से साझा भी करता है।

लेखक परिचय

प्रो. रमेश दीक्षित

डॉ. रमेश दीक्षित लखनऊ विश्वविद्यालय में राजनीति शास्त्र के प्रोफेसर रहे हैं। वे प्रसिद्ध सामाजिक चिन्तक एवं राजनीतिक विश्लेषक हैं, और भारत में जनतंत्र के सवालों पर लिखते और बोलते रहे हैं।

डॉ. कृष्ण गोपाल

डॉ. कृष्ण गोपाल राष्ट्रीय स्वयंसेवक संघ के संयुक्त महासचिव हैं। कृष्ण गोपाल जी ने आगरा विश्वविद्यालय से पर्यावरण विज्ञान में एम.ए. किया है। उन्होंने अपनी डॉक्टरेट की डिग्री 'काउंसिल ऑफ साइंटिफिक एंड इंडस्ट्रियल रिसर्च' से की है।

उत्तर प्रदेश के कई स्थानों में संघ के कार्यों को सँभालने के बाद उन्होंने उत्तर-पूर्व में संघ के कार्य को प्रसारित किया है। वे नौ वर्षों तक उत्तर-पूर्व में क्षेत्रीय प्राचारक की भूमिका निभाते रहे हैं।

डॉ. चारु गुप्ता

डॉ. चारु गुप्ता एक प्रसिद्ध इतिहासकार हैं। वे दिल्ली विश्वविद्यालय के इतिहास विभाग में पढ़ाती हैं। उन्होंने सोआस, लन्दन विश्वविद्यालय से अपनी पीएच.डी. की है। उन्होंने लिंग, पुरुषत्व, दलित पहचान और हिंदी प्रिंट संस्कृति पर कई किताबें

लिखी हैं, और राष्ट्रीय-अंतर्राष्ट्रीय पत्रिकाओं में उनके लेख प्रकाशित किए हैं।

डॉ. विनय प्रभाकर सहस्त्रबुद्धे

विनय सहस्त्रबुद्धे, राज्य सभा सांसद एवं भारतीय जनता पार्टी के अध्यक्ष हैं। वे एक सक्रिय शोधकर्ता होने के साथ-साथ, 'रामभाऊ महाल्गी प्राबोधिनी' के उपाध्यक्ष भी हैं।

वर्तमान में डॉ सहस्त्रबुद्धे, भारतीय जनता पार्टी के दो विभागों—'पॉलिसी रिसर्च' एवं 'गुड गर्वनेन्स' के राष्ट्रीय प्रभारी हैं। पत्रकारिता के जगत में उनका काफ़ी योगदान रहा है। साथ ही साथ मराठी एवं अंग्रेजी के दैनिक एवं साप्ताहिक अंक में उनके कई लेख प्रकाशित होते रहे हैं। हाल ही में उनकी 'द इनोवेशन रिपब्लिक' नामक किताब भी प्रकाशित हुई है। मुम्बई विश्वविद्यालय से उन्होंने राजनीतिशास्त्र में डॉक्टरेट की डिग्री प्राप्त की है।

राधा बल्लभ त्रिपाठी

राधा बल्लभ त्रिपाठी संस्कृत के प्रख्यात विद्वान हैं। राष्ट्रीय संस्कृत संस्थान में पाँच वर्ष कुलपति (2008-13) रहे। शिमला स्थित भारतीय उच्च अध्ययन संस्थान में फैलो (2014-15) के रूप में कार्य कर चुके हैं।

प्रकाशन—संस्कृत, अंग्रेजी तथा हिंदी में 170 ग्रंथ तथा 265 शोधलेख/ समीक्षात्मक लेख प्रकाशित हैं। पुस्तकों में आदिकवि वाल्मीकि (दो संस्करण), संस्कृत कविता की लोकधर्मी परंपरा (तीन संस्करण), संस्कृत काव्यशास्त्र और काव्यपरंपरा (दो संस्करण)।

कोलंबिया विश्वविद्यालय, न्यूयार्क में अतिथि आयार्च रहे, तथा सांस्कृतिक विनिमय कार्यक्रमों, व्याख्यान या शैक्षणिक संगोष्ठियों में सत्राध्यक्षता अथवा अध्यापन हेतु जर्मनी, इंग्लैड, जापान, नेपाल, भूटान, आस्ट्रिया, हॉलैंड, बांग्लादेश, रूस, थाइलैंड आदि देशों में प्रवास किया।